Ana Bilić

Die Verabredung
Sastanak

Kurzgeschichten in kroatischer Sprache

mit Vokabelteil

Sprachniveau: Perfektion Plus

2. Ausgabe

Impressum

2. Ausgabe 2024

www.kroatisch-leicht.com

Herstellung und Druck über tolino media GmbH & Co. KG, Albrechtstr. 14, 80636 München. Printed in Germany. Fragen zu Produktsicherheit an: gpsr@tolino.media.

VORWORT

Die Verabredung / Sastanak – aus der Serie *Kroatisch leicht* enthält drei Kurzgeschichten und dient Kroatisch Lernenden als Lesebuch mit einem Vokabelteil.

	Level 0	Leichter Anfang	bis 400 Wörter
	Level 1	Beginner	bis 800 Wörter
	Level 2	Fortgeschrittene	bis 1200 Wörter
	Level 3	Erfahrene	bis 1700 Wörter
	Level 4	Perfektion	bis 2200 Wörter
✔	**Level 5**	**Perfektion Plus**	**bis 2800 Wörter**
	Level 6	Erstsprache	bis 3500 Wörter
	Level 7	Standardliteratur	ohne Vokabelteil

Kroatisch leicht ist eine Buchserie zum Kroatisch lesen und eine wichtige Lektüre zur Erweiterung der Vokabel und zur Festigung der Sprachkenntnisse. Die Bücher als Mini–Romane sind mit Themen, Grammatik und Grundvokabeln in sieben Stufen des Kroatischlernens aufgeteilt: Leichter Anfang, Beginner, Fortgeschrittene, Erfahrene, Perfektion, Perfektion Plus und Erstsprache. Damit der/die Lernende sich zu einer oder anderen Gruppe richtig einteilen kann, dafür dient folgende **Orientierungshilfe**:

Leichter Anfang – Lernende, die sich von der Grammatik her mit dem Präsens auskennen.

Beginner – Lernende, die sich von der Grammatik her mit Präsens aktiv und mit Futur I und Perfekt passiv auskennen.

Fortgeschrittene – Lernende, die von der Grammatik her Präsens, Futur I und Perfekt aktiv verwenden.

Erfahrene – Lernende, die von der Grammatik her Präsens, Futur I und Perfekt aktiv verwenden und sich mit Verbalaspekten passiv auskennen.

Perfektion – Lernende, die von der Grammatik her Präsens, Futur, Perfekt und Verbalaspekte aktiv verwenden.

Perfektion Plus – Lernende, die von der Grammatik her Präsens, Futur, Perfekt und Verbalaspekte aktiv verwenden, sowie Phrasen und umgangssprachliche Ausdrücke passiv kennen.

Erstsprache – Lernende, die von der Grammatik her Präsens, Futur, Perfekt, Verbalaspekte, sowie Phrasen und umgangssprachliche Ausdrücke aktiv verwenden.

Standardliteratur ohne Vokabelteil für die Leser, die im

Kroatischen sehr gut verankert sind.

Mehr Infos über weitere Mini Romane findet man im Internet unter: www.kroatisch–leicht.com

Ein paar Tipps zum leichteren Lesen

1. Subjekt ausgelassen – Verb beachten

In einem Satz soll man immer das Verb und seine Endung beachten, weil das Subjekt oft ausgelassen wird. Das ist sehr wichtig, weil es Wörter gibt, die wie ein Subjekt aussehen, sind es aber nicht. Das ist der Fall bei den Wörtern „mi" und „ti". „Mi" bedeutet neben „wir" auch „mir", und „ti" bedeutet neben „du" auch „dir". Also in einem Satz zuerst das Verb finden und durch seine Endung die Person erkennen:
Mož**eš** *mi* dati knjigu? – **Kannst** du *mir* das Buch geben/reichen?
Šalj**emo** *ti* pismo. – **Wir** schicken *dir* den Brief.

2. Vokabelliste/Wörterbuch gleich aufschlagen oder doch nicht?

Das ist die Frage, ob man den Text als Information liest oder ob man die darin enthaltenen Vokabel auch lernen will. Falls man den Text als Information lesen will, sollte man nicht gleich nach Hilfe im Wörterbuch suchen: In jedem Satz kennt man sicher einige Wörter und den Rest sollte man aus dem Kontext erkennen. Auch wenn dann der Satz unverständlich bleibt, sollte man noch einen weiteren Satz lesen, damit man aus einem breiteren Kontext den Sinn erkennen kann. Wenn das nicht funktioniert, dann das

Wörterbuch benutzen. Falls man den Text liest, um Vokabel zu lernen, dann sollte man auch neue Wörter nachschlagen, damit man keine falschen Bedeutungen der Wörter lernt.

3. Braucht man eigentlich Eigenschaftswörter?

Um die grobe Handlung zu verstehen, braucht man Eigenschaftswörter erst an der zweiten Stelle. Um den Text richtig zu verstehen und es zu genießen, braucht man Eigenschaftswörter unbedingt.

4. Wörter mit zwei Bedeutungen

Solche Wörter mögen bei dem/der Lesenden Unruhe stiften. Wie zum Biespiel:
„i" – und; auch
I ja želim čitati knjigu. – (*wörtlich*) Auch ich will das Buch lesen.
„trebati" – sollen; brauchen
„vrijeme" – Wetter; Zeit
„se" – sich; man
usw.
Es ist nützlich, sich solche Wörter zu notieren, damit man nicht immer wieder in Verwirrung gerät.

INHALT - SADRŽAJ

SASTANAK

kratka priča

Kristina je presavila mali ispisani papir još jednom i pažljivo ga ugurala u unutrašnji džep sakoa njezinog muža. Poravnala je sako izvana iako to nije bilo potrebno. Taj sako joj se oduvijek sviđao između ostalog što se nije gužvao – svijetlosivi ljetni sako dobrog kroja s modernim reverima i malim džepovima. Taj sako je voljela viđati na Mislavu – bila je ponosna što su žene bacale poglede za njezinim mužem – rijetko tko je tako dobro izgledao u sakou kao on, sakoi su ga činili mlađim a ne starijim i ozbiljnijim.

Zastala je. Onda izvadila papir i još jednom ga pročitala:

«Dragi, čekam te sutra navečer u 9 sati u hotelu «Lepeza», soba br. 225. Želim još jednu nezaboravnu noć.»

Kimnula je glavom. «Ovo mora spasiti naš brak.», pomislila je. «Muškarci prihvaćaju loš brak kao prirođeni hendikep – oni ne ulažu u brak energiju, oni se navikavaju na njega bez obzira kakav je.»

Da, Mislavu je bilo zapravo svejedno kakav je postao njihov brak: malo razumijevanja, dosta rutine, zlatna kreditna kartica za Kristinu, šutnja i tu i tamo seks. I nije se bunio. Kimao je kad mu je Kristina rekla da joj je to premalo, da se ne osjeća zadovoljna u braku i da želi nešto mijenjati, ali nije znao što bi trebalo promijeniti. Kristina mu je ponudila da odu do nekog bračnog savjetnika. Mislav je na to odmahnuo:

savjetnicima idu snobovi, dokone žene i seksualno nastrani tipovi. Samo je u šali rekao: «Možemo se razvesti ako želiš.» – Ne, mi se volimo, bio je Kristinin odgovor. – «Da, mi se volimo.» – «Ali ja ne želim ovako dalje!» - Mislav je kimnuo: «Kakvu god promjenu želiš, ja sam za. Samo mi reci što trebam napraviti.» Onda se okrenuo na drugu stranu kreveta i zaspao.

Kristina je osjećala je kako njihov brod tone polako i sigurno i vidjela je kako kapetan, njezin muž, to uopće ne primjećuje. Nije htjela katastrofu. A mirisala ju je – znala je da njegovo strpljenje i napola ugašeni osjećaji neće vječno odolijevati zubu vremena. I osjećala je kako njezina potreba za zaštitom i pažnjom nije udovoljena i kako se to približava egzistencijalnom minimumu. Morala je nešto poduzeti.

Sama je otišla do bračnog savjetnika. On joj je rekao:

- Brak je veza u koju se treba ulagati. Kao u svaku vezu. Kako često se viđate s Vašom najboljom prijateljicom? Sigurno svaki tjedan ... Nekoliko puta u tjednu? Eto vidite – Vi gajite tu vezu, ulažete u nju svoju dobru volju, energiju i vrijeme. I ona funkcionira. Tako je i s brakom. Ako želite ponovo strasti i vatre u Vašem braku, onda uložite nešto u to. To je kontinuirani posao. Želite nezaboravnu noć nakon osam godina braka? Nezaboravno je ono što još nikad niste napravili. Uvedite neku novinu. Nemojte očekivati da to učini Vaš muž. On vjerojatno nema pojama što Vi želite. Vi preuzmite inicijativu.

I tako je Kristina došla na ideju da pozove svog muža na sastanak kao da joj je ljubavnik.

Drugo jutro Kristina je, nakon što je Mislav otišao na posao, pogledala je li Mislav uzeo sako u koji mu je ona stavila cedulju. Da, sakoa više nije bilo na vješalici. Zato je odmah počela razmišljati koju haljinu da izabere za večerašnji randevu. Stajala je pred velikim ormar i gledala haljine. Pjevušila je, bila je uzbuđena kako već odavno nije bila. Tijelom su joj prolazili žmarci – povremeno bi zamišljala trenutke večerašnjeg susreta, osjećala ih je na svom tijelu, proživljavala kao male erupcije emocija, kao nagle provale kratkih orgazama. Ali onda je odbacivala te slike. Nije htjela upropastiti sastanak svojim predodžbama – kako je to često znala raditi – i onda biti razočarana. Toga je bila svjesna i to joj je Mislav znao predbacivati: ako nije reagirao na njezinu spremljenu večeru, urednu kuću i novu haljinu onako kako je ona to zamislila, optuživala ga je za nepažnju i grubost. Bila je ogorčena što on nije onako postupao kako je po njezinom mišljenju bilo normalno. Te zamke se sada klonila. Bila je spremna za novo, nepoznato, neistraženo, nepredviđeno. Samo ona i Mislav. Samo oni.

Oko podneva ju je nazvala Lea i pozvala da se nađu u gradu, na kavi. Odbila je, bila je preuzbuđena, a to nije htjela podijeliti sa Leom: ispala bi jeftina – nalaziti se s mužem po hotelima kao kakva djevojčura. Bila bi kao Lea. Da, kao Lea. Iako joj je Lea bila najbolja prijateljica, ona je upražnjavala taj način života punim plućima: svaki je tjedan mijenjala muškarce, provodila vikende po jahtama i bungalovima, prihvatila svaku mušku ponudu da skokne do Graza ili Trsta i tamo prespava s njim u skupom hotelu. Kristina je osuđivala taj način života, bez odgovornosti i ozbiljnosti, ali nije nikad imala hrabrosti da joj to kaže. Zato se s Leom nikad nije upuštala u diskusiju što je to život i što je to zajednica – tolerirala je njezine priče kao priče kakve šiparice koja s nekim mora podijeliti svoje najsvježije iskustvo. Tolerirala je njezin stil života jer je Lea u sve ulagala bezazlenost i smijeh. Za nju su veze bile slatke avanture i uživala je u njima bez puno razmišljanja. Kako je koja došla, tako je prošla, bez kajanja i bez žaljenja. A ono što za Kristinu nije smjelo biti u nekoj vezi bile su upravo lakomislenost i nevjera.

Za Kristinu odnos je bio kao strastveno igranje karata. Potpuna predanost dušom i tijelom. I tu igru Kristina je dobila: kad je prije devet godina počela raditi za Mislava, uložila je sav svoj šarm i zavodljivost. Kao njegova sekretarica to nije bio lak posao. Jer zna se za što služe sekretarice svojim šefovima, van ureda. To je bilo balansiranje na trapezu – uspjeti zavesti oženjenog šefa, ali ne da mu postane ljubavnica već ozbiljna partija – a da pri tome ne ispadne beskrupulozna brakolomnica. I uspjela je uz puno sreće – završili su u krevetu tek onda kad se Tomislav odselio od svoje žene. Ubrzo ju je oženio. Sve to je pogladilo njenu savjest – bila je nevina i čista. Bio je to dobro obavljen posao. Osim toga – to što je bila udana za bogatog muškarca i nije trebala raditi kao sekretarica, bila je još jedna dobra okolnost. Ona je za njega bila izuzetan «trofej», žena izuzetnog tijela. Možda to zvuči seksistički, ali to je za Kristinu bila jedina ispravna poredba. Ona nije imala ništa protiv takve poredbe. Lea joj je znala reći da je «perfektna domaćica» uz osmijeh koji je ličio na porugu. Ali to je bio samo znak da i Lea prihvaća prijateljstvo s Kristinom kao «sklop okolnosti».

No sada se Kristina nije htjela upuštati u brbljanje sa Leom jer bi ova već uspjela izvući iz nje što je navečer namjeravala raditi – morala bi joj priznati da je i ona posegnula za onim što je bilo ispod njezinog nivoa.

Poslijepodne ju je nazvao Mislav:

- Neću moći doći večeras kao obično. Imamo sjednicu upravnog odbora, to će potrajati. Kad će završiti, ne znam, ali prije osam neće.

Kristina se uzbunila:

- Hoćeš doći do devet?

- Zašto?

- Pa ... tako.

- Kažem da ne znam do kada će to trajati.

«Nije našao moju cedulju!...»

Mislav je završio nestrpljivim tonom:

- Javit ću ti se kad budem gotov. Može?

Kristina je bila razočarana:

«I što sada? ... Ovo je sad zbilja bezveze! Nema pojma za sastanak ... Glupost. Baš sam napravila glupost! ... Trebala sam mu bar natuknuti da imam neki plan. Tajni plan. - Samo onda ne bi više bio tajni plan ... Koji je on tukac! Da ne može shvatiti neki znak kod mene, da ga ne može pročitati! Pa zna me kao svoj džep ... Zašto moram praviti predstave da bih spasila naš brak? U kojem je on jednako kao i ja. Ja se ubijam za našu stvar, a on – kao vreća! Zar je toliki mutavac da ne može inzistirati da me pita zašto želim znati kad će doći kući? Toliko ga malo interesiraju moje misli? ... A što se ja čudim? Kao da muškarce interesira nešto dalje od njihovog nosa? Samo da im je udobnosti. Što im fali? Imaju sve što požele i kako požele. Igraju se posla, zabave se sa ženom kad im se hoće, rade što im je volja. Odgovornost? Briga imaju onoliko koliko si dopuste. To nije moja izmišljotina. To je jednostavno tako. Trebaš im pokazati prstom ili nacrtati da bi shvatili što netko hoće od njih. Kao da su mentalno zaostali. Nisam ja prva koja je to shvatila. Samo što si to nisam htjela priznati. Govorila sam si: nije moj Mislav takav! Ma ne, nije! Sad vidim da sam se zeznula. On JESTE takav ... Koja sam ja budala. Kako gradim šarenu lažu od mog muža ...»

Frustrirana Kristina je uzela haljinu koja je ležala na krevetu i bijesnim je pokretom zavitlala u otvoreni ormar.

Mislav je došao u ponoć. Mirisao je na alkohol i bio je dobre volje:

- Otišli smo popiti još po piće. Vižić nas je pozvao, taj inače ne zove na piće, pa samo svi htjeli vidjeti kako to izgleda kad glavni šef zove ...

Skinuo se polako i sa smiješkom. Kristina je sjedila na krevetu, namrgođena, šuteći. Kad je legao, Kristina je ustala. Htjela je dati nekako oduška svojoj zlovolji i učinila ono što je znala raditi kad je bila frustrirana – pospremala je stvari. Uzela je košulju s poda koju je Tomislav bio spustio i gužvajući je u ljutito u rukama, odnijela je u kupaonicu. Kad ju je htjela baciti u košaru za prljavo rublje, pogled joj je zapeo za okovratnik. Na njemu se ocrtavao roza ruž.

Zastala je na trenutak, i onda se bez razmišljanja vratila u sobu:

- Mislave, šta je ovo?

- ... Koje?

- Ovaj ruž na okovratniku.

- Gdje? – čuo se njegov bunovan glas.

- Kako gdje? Ovdje! Što je to? ... Imaš ljubavnicu?

Mislav se uspravio, pogledao košulju, a onda se počeo kikotati kao da je ispričala dobar vic:

- Ljubavnicu? ... Ta ti je dobra! Ti zbilja misliš da sam Superman? Da uz sav moj posao mogu imati i ljubavnicu? ... Ti zbilja imaš visoko mišljenje o meni.

- Odakle taj ruž?

- To je tvoje djelo, draga. Tvoj ruž. Ta je košulja bila ujutro na stolici, a to je košulja od prekjučer. Nisi mi ostavila novu, a prekjučer si se cijelim licem prislonila na moj vrat.

To je bila istina. Kristina mu je naredila da je zagrli kad se vratio s posla. Nedostajao joj je zagrljaj i to je htjela imati bez obzira na koji način.

- Na poslu su svi dobro iskomentirali moju kragnu. Da si tako podižem muškost kad idem pokazivati tragove svoje potencije.

Kristina je bila poražena. Tiho je rekla:

- Sutra ćeš dobiti novu košulju.

- Znam ljubavi, znam. – rekao je Tomislav padajući u

san.

Drugo jutro zazvonio je telefon kod Kristine. Bio je to Zlatko, njezin susjed.

- Dobro jutro, susjed ... Ne, niste me probudili ... Hvala, dobro. Vi? ... Da dođem na kavu kod Vas? ... Vrlo ljubazno, ali već sam u poslu ... U kojem poslu? ... Pa, već sam krenula prati veš ... Ne, ne trebate doći na kavu kod mene, ja sam već naime popila kavu ... Da, možda se poslijepodne vidimo na kavi. Ako ću biti kod kuće ... Naravno... Hvala lijepa ... Doviđenja ...

Kristina je otišla u kuhinju i napravila si je kavu. Zlatku je naravno lagala da je popila kavu. Nije htjela piti s njim kavu jer je taj stariji momak očito previše bio zainteresiran u nju i njegova pažnja i skakutanje oko nje nije joj uvijek godila. Bio je, za razliku od Mislava, vrlo uslužan, uvijek dobre volje i gledao ju je sjajnih očiju kao kakav školarac, ali te iskre su frcale samo s njegove strane, ne i s njezine. On je doduše izgledao kao maneken, visok, mršav, uvijek dotjeran, k tome još i bogat i s dobrim manirima. Ali ... Ne, ne, ipak ne. On je ipak bio stariji od nje više od dvadeset godina ... Tja, ako bi on bio jedina mogućnost za udoban i siguran život, hm ... Kako ljudi kažu: «Nikad ne reci nikad.»

Odmah nakon Zlatka nazvala je Lea:

- Bok, Lea ... Evo, spremam se prati veš, imam Mislavove košulje, a trebam i peglati ... Htjela sam sve odnijeti u praonicu, ali oni rade to jako loše. I dok sve odnesem, platim benzin tamo i nazad, i još nisu uvijek ispeglane kako treba, to mi sve ide na živce, a i Mislav se buni, on voli fino ispeglane košulje. A da ti priznam, i ja volim kad mi je muž dotjeran, ipak je on ogledalo žene. Nismo siromašni, ali to ne znači da se možemo razbacivati s novcem ... Možemo se sutra vidjeti na kavi, ionako moram u grad, trebam obaviti par kupovina ... Tko je Roger? ... Nisam ni sumnjala da dobro izgleda, i da je bogat ... Gdje ste bili na večeri? ... U «Lepezi»? ... Vidjela si Mislava prekjučer u «Lepezi»? ... U koliko sati? ... S kim je bio? ... Da, ima kćer iz prvog braka. Čudno, nije mi rekao da će se naći s njom. Zove se Vedrana, to sam ti možda jednom rekla. Nema neki kontakt s njom, njegova bivša žena ne dozvoljava da se mala nalazi s ocem, pa se tek tu i tamo znaju vidjeti nasamo. Ja sam ju vidjela samo par puta. Drago dijete ... Da, zgodna curica... Ne, Vedrana nema crvenu kosu ... Da, možda se ofarbala ... Nije manekenka, zašto pitaš? ... Ovaj, nema veze, sve je u redu, to mora da je bila neka od kolegica s posla, jučer su imali poslovni sastanak, cijeli tim, imaju novu sekretaricu, vjerojatno je ona ... Ma da, to je sigurno bila nova sekretarica, da, ona ima crvenu kosu ... Mislim da se zove Lidija ... Ah, što bi izbrbljala, mi nemamo tajni jedan pred drugim ... Ok, čujemo se ... Bok ...

Kristina je spustila slušalicu. Bila je blijeda kao kreč – ovo je bio udarac ispod pojasa.

«Ljubavnica!»

Ta riječ joj je odzvanjala u nutrini kao posmrtno zvono.

«Ljubavnica!»

Reski odjek je bio tako snažan u njezinoj glavi da su joj noge otkazale poslušnost, i ona se, kako ispuhani balon, složila na pod. Nije znala da se i stvarno može dogoditi misao «izgubiti tlo pod nogama».

Sinulo joj je kao bljesak:

«On je našao moju poruku i mislio je da je to poruka od ljubavnice! ... Što sam napisala? «Želim još jednu nezaboravno noć! ...»

Sjela je na krevet i razmišljala.

Ne, Kristina nije htjela prihvatiti poraz. Ona ne. Ona koja je uložila puno energije da dođe do ovog braka. Ne, to se tako ne smije završiti. Samo njezina riječ može biti zadnja, ničija više.

Kristina je uzela svoj mobitel i nazvala Zlatka, susjeda. Nakon vrlo kratkog se javio njoj poznati glas.

- Dobar dan, Zlatko... Znate, predomislila sam se. Ako Vaša ponuda još uvijek vrijedi, rado bih došla do Vas na kavu. Odlučila sam da perem veš sutra, a ne danas. Danas je vrlo lijep dan, baš bi bilo lijepo popiti kavu na Vašoj lijepoj velikoj terasi. Za sutra predviđaju loše vrijeme, pa onda mogu biti sutra u kući i prati veš ... Recite, je li Vaš bazen već u pogonu? Može se kupati u njemu? ... Super. Mogu onda poslije kave napraviti kratku rundu u bazenu, zar ne? ... Hvala vam. Ja ću onda odmah obući kupaći kostim. Ovo sunce se mora iskoristiti, zar ne? ... I Vi ćete se okupati u bazenu? Odlično ... Drago mi je ... Eve mene odmah do Vas ... Bokić!

Kristina je otišla do ormara i otvorila ladicu s kupaćim kostimima. Imali ih je tucet, među njima nekoliko vrlo seksi i uzela je onaj koji je najmanje skrivao. Pomislila je: «Ako je

Mislav na nešto slab, onda je to moje tijelo ... Dovoljno je da se pojavim gološava na bazenu poznatog playboya i on će na to morati reagirati. Naše susjedstvo je vrlo malo, a tračevi vrlo veliki ... Da ... Svako ima svoje slabosti. I svoja oružja. Ako se ne možemo dogovoriti, možemo se mjeriti tko je jači. Jer najviše čovjek želi ono što je nedohvatljivo. Zar ne, dragi moj?»

Kristina je obukla kupaći kostim, pogledala se u ogledalo i zadovoljno kimnula glavom. Kupaći kostim joj je stajao kao saliven.

Nasmiješila se i pomislila:

«Da, dragi, brak je investicija. Samo tko u njega ulaže, taj i profitira ... A ja sam previše u njega uložila, da bih sad tek tako odustala od svoje investicije.»

Dok je sjedila kraj bazena, a Zlatko otišao napraviti limunade, zazvonio je njezin mobitel. Bio je to Mislav. Kristina se opet zadovoljno nasmiješila:

- Bok, dragi ... Kod susjeda sam ... Zato što mi je pozvao na kupanje ... Kako to misliš – tko je još na bazenu? Nitko nije na bazenu. Samo on i ja ... Vruće je, a on ima bazen ... Jesi ti to ljubomoran, dragi? ... A što da radim inače? Ne mogu samo rintati po kući dok tebe nema. Imam i ja pravo na pauzu, zar ne? ... Da, navečer ću biti kod kuće. Zašto? ... Tko će doći na večeru? ... Vedrana? Zašto će ona doći na večeru? ... Naravno da tvoja kćer može uvijek doći kod nas na večeru, to nije pitanje, pitanje ja kako da to da ona dolazi ... Nisi mi rekao da ste se vidjeli. Kad ste se vidjeli? ... Prije tri dana u «Lepezi»? ... Interesantno. Lea mi je rekao da te je vidjela s nekom crvenokosom ... Vedrana je ofarbala kosu u crveno? ... I zašto mi to nisi rekao? ... Naravno da sam ljubomorna: prešućuješ mi sastanak s nekom crvenokosom i onda se čudiš što sam tako sumnjičava ... Samo mene voliš? ... Ah, kako je to lijepo za čuti, dragi ... Naravno da i ja jedino tebe volim ... No dobro, bit ću kod susjeda samo pola sata ... I molim te, dođi kući pola sata ranije. Može? ... Želim da mi pomogneš oko večere ... Za vikend? Ne, nemam planova za vikend ... Da, mogli bismo otići u Opatiju. Dugo nismo bili nigdje za vikend ... Da, jako bi me veselila Opatija ... Može, rezerviraj hotel ... U redu ... Pusa ... Naravno da te volim ... Bok, dragi ...

PRIVJESAK

kratka priča

Sudski službeni auto se zaustavio ispred prizemnice u mirnoj uspavanoj četvrti. Iz njega su izašli istražni sudac Filipović i mlada zapisničarka i uputili se preko travnjaka prema kući. Da jedan mladi policajac nije otvorio vrata, svatko bi pomislio da je sudac došao na pogrešnu adresu: ništa nije odavalo da on tu ima posla – nisu se čuli uzbuđeni glasovi iz kuće, nije bilo okupljenih znatiželjnika, djeca su se mirno igrala u susjednom dvorištu, bešumno bi prošao pokoji auto. Kao da je bilo najobičnije nedjeljno poslijepodne.

Filipović je ušao u prostrani svijetli hodnik. Prvo što mu je upalo u oči bile su fotografije po zidovima. Na svakoj od njih – a bilo ih je oko dvadesetak –, bila je postarija žena sa psom, irskim seterom – na jednoj kako čuči kraj njega, na drugoj kako ga miluje, na trećoj kako mu baca štap, kako ga grli.

Ušao je u dnevnu sobu. U njoj je bio popriličan nered – stvari i knjige iz starinskih ormara i regala bile su razbacane, ladice iz politiranog sekretera bile su izvučene, papiri su ležali po podu, stolice oko malog trpezarijskog stola izokrenute, prekrivač s kauča svučen na pod. Po sobi se vrzmalo dvoje policijskih službenika – jedan je fotografirao, jedan je bio nagnut nad ladicom što je ležala na podu. Ispred staklenih vrata što su vodila u stražnje dvorište sjedili su za stolom u razgovoru mladi muškarac i žena od oko šezdesetak godina, žena s fotografija. Sudac Filipović im je prišao i obratio se muškarcu:

- Već ste počeli s razgovorom, inspektore Ivić.

Muškarac je ustao i pružio mu ruku:

- Došli smo maloprije, prije kojih deset minuta.

- Dobro, dobro, nemam ništa protiv. Ja sam se zadržao kod jednog ubojstva duže no što sam mislio ...

Inspektor mu je pokazao na ženu:

- Ovo je gospođa Sonja Rupnik, živi u kući. - Onda se obratio ženi. – Istražni sudac Filipović će Vam dalje postavljati pitanja.

- Recite mi, gospođo Rupnik, što se dogodilo?

Žena je počela uzbuđenim glasom:

- Danas ujutro izašla sam u šetnju kao i svake nedjelje. Prođem našim kvartom sve do parka, tamo se odmorim, a onda odem autobusom do groblja da promijenim cvijeće mojem pokojnom. Vratila sam se oko dvanaest sati kao i obično i otključala vrata stana. Vidjela sam ovo što i Vi sada vidite – jednom riječju – užas! Bilo je strašno i gadno sam se uplašila. Ali mi je odmah sinulo da je provalnik možda još uvijek u kući. Na prstima sam izašla iz stana i onda dugo zvonila na vratima. Sve dok nisam bila sigurna da je, ako je i bio unutra, već otišao. Tad sam otišla do kućnog telefona da Vas nazovem. Kraj telefona je ležao ovaj papir.

Žena je pokazala na papir na kojem su bila neuredno nalijepljena slova izrezana iz novina: AKO NAZOVEŠ POLICIJU, MRTVA SI.

Sudac je bacio pogled na papir i rekao inspektoru:

- Vaš je.

Inspektor se okrenuo jednom od službenika koji su radili po sobi:

- Kolega Benić, ovo ide u obradu.

- Imate li mobitel? – upitao je Filipović.

- Ne, nemam, to je prekomplicirano za mene. Kućni telefon je dovoljno dobar za mene.

- Što je bilo zatim?

- Za petnaest minuta stigla je patrola. Ispričala sam im što se dogodilo i oni su bili sa mnom sve do sada.

- Nije ništa dirano?

- Ne, nije, ti policajci su rekli da se ne smije ništa dirati dok Vi ne stignete. Ja znam da se ništa ne smije dirati i nisam ništa ni dirala. Jako sam se, znate, uzrujala, bio je to šok za mene. Ja živim već dugo sama i nikad mi se ništa sličnog nije dogodilo.

- Koliko dugo živite sami?

- Već sedam godina sam udovica.

- Imate li djece?

- Ne, nismo imali.

- Recite mi imate li vrijednosti i dragocjenosti u kući?

- Novaca nemam, držim sve na banci. Imam kutijicu s nakitom i to sam odmah, čim su ovi policajci došli, išla pogledati. Nestala je.

- Što je bilo u njoj?

- Bila su dva vjenčana prstena, zlatni lančić s medaljonom i jedan veliki dijamantni privjesak u obliku srca. Sve su to bili pokloni mog pokojnika i sve je nestalo.

- Znate li otprilike koju bi to imalo vrijednost?

- Prsteni i lančić imaju uobičajenu vrijednost, to se može provjeriti u nekoj zlatarni, ali taj privjesak je izuzetno vrijedan – „hercšlif" briljant od četiri karata, poklonio mi ga je suprug za naš srebrni pir i dao je za njega svu ušteđevinu.

- Recite mi, dobili ste prijetnju. Tko bi Vam mogao prijetiti? Jeste u zavadi s nekim?

- Nisam u zavadi ni s kim. Moja sestra živi u Kanadi, od muževe rodbine živi samo njegova nećakinja s mužem na drugom kraju grada. Nazove tu i tamo da pita kako sam, ali se nikad ne posjećujemo.

- Prijatelji, poznanici?

- Imam prijateljicu s kojom igram kanastu, gospođa Šimić, živi dvije ulice odavde. Srijedom poslijepodne kod nje se skuplja društvo, nas nekoliko i kartamo do sedam sati. To su uglavnom naši vršnjaci, penzioneri, znamo se već godinama. Znate, gospon sudac, moj život je jednostavan. Prijepodne idem u trgovinu, poslijepodne odrijemam, navečer čitam ili gledam televiziju, srijedom odlazim na kanastu, vikendom u šetnju i na grob pokojnika. Ne pijem, ne pušim, navečer ne izlazim. Ponekad me uhvati išijas, pa mirujem, cijelo ljeto provodim u vikendici na moru.

- Jeste li primijetili da li je još što nestalo iz kuće?

- Osim tog nakita nemam ništa drugo dragocjeno u kući. Ali da li je još nešto nestalo, to ne znam. Nisam ništa drugo provjeravala jer nisam ništa htjela dirati dok Vi ne dođete.

- Recite mi, kad ste se danas vratili sa šetnje, jeste li mogli normalno otključati vrata?

- Da, potpuno normalno.

- Ključ nije zapinjao, brava nije bila oštećena?

- Ne, ništa. Možete misliti kako sam se šokirala kad sam ušla u kuću!

- Ima li još netko osim Vas ključ?

- Imaju susjedi do mene. Gospođi Klari sam prije tri godine dala ključ od kuće da pripazi na nju dok sam ja na moru i da uvijek bude jedan u rezervi ako svoj izgubim. Ona je mlada i savjesna žena, zaista uvijek pripazi na kuću dok mene nema. Htjela mi je već davno vratiti ključ, ali sam je molila da ga zadrži. Dobre smo, ona me dođe svaki drugi dan pogledati, treba li mi što, popijemo kavu ponekad. Doselila se s mužem i dvoje djece prije šest godina u naš kvart.

- Sad mi recite, tko osim Vas zna gdje držite nakit?

- Zna gospođa Šimić i zna Klara.

- I uvijek ste držali kutijicu s nakitom na istom mjestu?

- Uvijek je držim u prvoj ladici komode. Prije tjedan dana sam je premjestila.

- Zašto?

- Taj dan bila bi naša godišnjica braka pa sam izvadila kutijicu da pogledam nakit. Tad je naišla Klara i njoj sam pokazala privjesak.

- Kako je ona reagirala?

- Ah... kako? – izraz lica žene naglo se promijenio. – Na privjesak je dobro reagirala, jako joj se dopao ...

- ... Ali?

- Ma cijeli taj razgovor mi je bio čudan, nije mi se sviđao. Pokazala sam joj privjesak, ona se zagledala u njega i rekla da sigurno vrijedi cijelo bogatstvo. Onda me je iznenada pitala mogu li joj posuditi novaca. I to vrlo veliku svotu. Ja imam nešto ušteđevine na banci, ali ni približno toliko koliko je ona tražila. Upitala sam je za što treba toliko puno novaca. Rekla je da žele kupiti auto, ali da nemaju dovoljno. Dečki trebaju uskoro u gimnaziju, ona je daleko od našeg kvarta pa ih treba voziti. No, rekla je to nekako mucajući i crveneći da sam odmah shvatila da nije to na stvari. Upitala sam je ima li joj muž novčanih problema. On se, znate, bavi uvozom i izvozom, ima ured blizu Trga. Što uvozi i izvozi, sam bog zna, to mi Klara nije htjela reći kad sam je jednom pitala. Ali vjerojatno se bavi svim i svačim. I to uspješno, bar do zadnjeg vremena – kuću su kupili gotovinom, namještena je kao u kakvom filmu, djeca joj svake godine odlaze na ljetovanje u Englesku, a sve za kuću kupuju vani.

Onda mi je priznala da imaju veliki dug, muž joj je ušao u nekoliko poslova koji se nisu isplatili. Podigli su hipoteku na kuću i sad su istekli zadnji rokovi, prijete da im uzmu kuću. Ja sam joj rekla da bih joj pomogla, ali da je moja mirovina premala da bih se mogla samo na nju osloniti, ušteđevina je sve što imam od sigurnosti. Ona me je uvjeravala da će mi za tjedan dana vratiti novac, njenom mužu par ljudi duguje novac što im je posudio uz kamate. Ja sam joj rekla da se mogu raspitati za nekog poštenog privatnika koji posuđuje novac.

Onda me je upitala da li bih mogla založiti privjesak. Ja

sam joj rekla da ako i založim privjesak, niti ću dobiti toliko novca koliko on vrijedi niti će im ta svota pomoći. Osim toga to i ne bih mogla učiniti jer mi je to najdraža uspomena na pokojnika. Na to mi je ona hladno rekla da sam je strašno iznenadila. Da bi joj mogla pomoći, da imam čime, ali da ne želim. Onda je otišla. I otada je nisam vidjela.

- Kad je ona otišla, privjesak ste vratili u kutijicu?

- Da, vratila sam ga nazad i kutijicu premjestila u ladicu kuhinjskog stola. Za svaki slučaj.

- Da li Vas je otada posjećivala?

- Nije. Klaru sam dva puta vidjela u njezinom dvorištu. Pozdravila me je kratko i odmah ušla u kuću.

Sudac se okrenuo inspektoru:

- Imate li Vi kakvih pitanja?

- Imam jedno. Ova vrata što vode u stražnje dvorište sad su otvorena. Jesu li bila otvorena kad ste ušli u kuću?

- Bila su zatvorena. Jedan od policajaca ih je otvorio jer sam trebala zraka. Bila sam, kažem Vam, u šoku.

- Dobro gospođo. - rekao je sudac Filipović ustajući. – Dalje će inspektor obaviti još što ima. On će voditi policijski dio posla, pa kad bude završen doći ćete na sud da date izjavu kod mene. Za to ćete dobiti poziv.

Filipović je prošetao po sobi, a onda se obratio inspektoru:

- Ja dalje ne mogu ništa napraviti. Stavit ću zabilješku da se prijetnja daje na kriminološku obradu. No, ne vjerujem da će se išta naći na papiru. Što je s ostalim prostorijama?

- Sve je uredno, moji ljudi će pogledati otiske. Gospođa

će još provjeriti da li što nedostaje. Onda ćemo porazgovarati sa susjedom da vidimo što ona kaže. Imala je ključ i trebao joj je novac, po riječima gospođe. Provaljivano nije – dakle, upotrijebljen je ključ i prevrnuta je samo ova soba – u njoj je inače stajala kutija s nakitom. To je sve znala susjeda.

- Što je s prijetnjom?

- Mislim da nije ozbiljna. Ukradeno je sve što je imala, više se nema što ukrasti. Mislim da se htjelo dobiti na vremenu. Iako takve stvari ne treba podcjenjivati.

Sudac je dodao:

- Još ću pogledati sobe pa sastaviti zabilješku. Nadam se, zadnju za danas. Danas je bilo naporno u mojoj smjeni.

Sudac je otvorio prva vrata i ušao u spavaću sobu. Bila je jednostavno namještena, s bračnim krevetom, ormarom za garderobu i komodom s ogledalom. Iznad kreveta visjela je uvećana fotografija irskog setera. Pas je ležao glave položene na prednje šape i gledao u objektiv.

Sudac je izašao iz sobe i ušao u drugu, pokrajnju sobicu. To je bila neka vrsta ostave – kutije sa sitnim alatom, koferi i torbe na policama, daska za glačanje, usisivač, metle i kojekakve sitnice. Izvukao je kutiju na kojoj je pisalo „Fotografije“. Pridignuo je rub poklopca i ugledao nabacane fotografije irskog setera. Prodrmao je kutiju i fotografije su se pomaknule – na svakoj je bio pas ljubimac. Vratio je kutiju na mjesto, zatvorio ostavu i vratio se u dnevnu sobu.

- Recite mi gospođo Rupnik, gdje je Vaš pas?

Žena ga je tužno pogledala:

- Princ je uginuo prije pet godina.

- Na zidovima vidim samo fotografije psa. Kako to da nemate niti jednu fotografiju vašeg supruga?

- Možda vam je teško shvatiti usamljene ljude, ali ... Bio mi je, naravno, veći gubitak supruga nego gubitak Princa. Ali da samo pokojnika gledam na slikama, ne bih mogla izdržati.

Sudac je kratko kimnuo, a onda se okrenuo sekretarici:

- Možemo onda sastaviti zabilješku ...

Dva dana nakon toga zazvonio je telefon kod gospođe Rupnik. Bila je to njezina prijateljica, gospođa Šimić.

- Pa zašto mi nisi rekla da si imala provalu u kući?! – rekla je uzbuđeno. – Sad je bio kod mene nekakav inspektor Ivić i rekao mi je da su provalili kod tebe. Pa zašto mi nisi javila?

- Nisam te htjela uzrujavati – govorila je žena mirnim glasom. – Provalili su dok nisam bila kod kuće i odnijeli mi nakit.

- To me je baš pitao taj inspektor. Za tvoj nakit ... Ali što da si ti bila u kući? Zamisli samo što bi ti se dogodilo?! ... I što ako se vrate?

- Inspektor je postavio jednog policajca ispred kuće da pazi na mene.

- Da pazi?! Pa to znači da će se vratiti!

- To je zbog prijetnje.

- Kakve prijetnje?

- Ostavili su poruku da će me ubiti ako javim policiji.

- Isuse Bože, nemoj mi to govoriti! Pa to je strašno!

- Reci mi – smireno je nastavila ova. – Što te je pitao o nakitu?

- Pa da li znam kakav si nakit imala. Pitao me je o dijamantnom privjesku.

- I što si mu ti rekla?

- Rekla sam mu da ti je pokojni muž poklonio dijamantni privjesak za dvadesetpetu godišnjicu braka.

- I što te je još pitao?

- Da li znam gdje držiš nakit. Rekla sam da znam, ali da si mi ispričala kako si ga sklonila na drugo mjesto kad je tvoja mlada susjeda tražila da ga dadeš založiti ... I još me je pitao jesam vidjela privjesak. Rekla sam da nisam, da rijetko idem u posjete jer ne mogu hodati zbog gihta ... Pa nije valjda ... ?! Ta susjeda ...

- ... Ne znam što da mislim ...

Gospođa Šimić je promijenila ton glasa:

- Znaš, ona se meni nije nikad sviđala, ja sam ti to već rekla. Ni ona, ni njen muž. Toliko bogatstvo i to tako na brzinu, to mogu biti samo prljavi poslovi i prljave naravi. Rekla sam ti da paziš na nju.

- Ali odmah bi se vidjelo i znalo da je to mogla biti samo ona. A ona nije glupa.

- U tome i je problem, nije glupa.

- No, dobro. Ali taj inspektor Ivić, ni on mi se ne čini glup. Ne bi bio inspektor da ne zna svoj posao.

- Ta valjda zna. To je jedino što preostaje – da se pouzdaš u njega. - rezignirano je zaključila gospođa Šimić.

Mjesec dana nakon toga gospođa Rupnik je ušla u zgradu policije s pozivom u ruci. Na drugom katu je pokucala na jedna vrata, pričekala, pa kako se nitko nije javljao, ušla je. Inspektor Ivić je diktirao sekretarici, ali je isti čas prestao čim su se otvorila vrata.

- Dobar dan ...

- ... Ah, gospođo Rupnik ...

- Ja sam došla radi – ovdje piše – prepoznavanja predmeta u slučaju ...

- U Vašem slučaju, gospođo Rupnik. - nadopunio ju je inspektor pokazujući joj na stolicu.

- Je l' to znači da ste pronašli moj privjesak?

- To ćete mi Vi reći. Moja suradnica će donijeti nekoliko privjesaka i Vi ćete mi reći koji je Vaš. U redu?

Sekretarica je otišla u drugu sobu i vratila se s kartonskom kutijom. Poslagala je po stolu privjeske sa ceduljicama na kojima je bilo nešto sitno napisano.

Bilo je osam privjesaka: dva su bila mala okrugla privjeska sa zlatnom karikom, tri su bila elipsasta oblika, ostala tri bili su veliki srcoliki privjesci. Od ta tri srcolika privjeska dva su imala zlatne okvire, jedan platinasti okvir. Žena je pokazala na zadnji, srcoliki s platinastim okvirom:

- To je on.

- Da? – upitao je inspektor.

- Da. To je privjesak koji mi je moj suprug poklonio.

- Onda je u redu. To jeste privjesak.

- A gdje ste ga pronašli?

- Kod muža vaše susjede. Tomislav Gorić.

- Kod njega? ... Pa kako kod njega?! Zar je on provalio u moju kuću i ukrao privjesak?

- To još ne znamo. Poriče.

- Pa kako ste ga uhvatili?

- Priveden je radi auta koji je prijavljen kao ukraden. Vraćao se kući sa službenog puta i u autu je nađen privjesak.

- I što je rekao?

- Za auto kaže da je poklon jednog poslovnog partnera i da ga je dobio već s papirima na njegovo ime, kune se da nije znao da je ukraden. Za privjesak kaže da ga je kupio od nekog čovjeka iz Njemačke na crno, poklonio ga je ženi za godišnjicu braka i nosio ga je u banku u sef jer ga žena nije htjela imati u kući.

- A što kaže njegova žena, Klara?

- Ona je rekla da Vi uopće niste imali nikakav privjesak nego da je to njezin privjesak i da je ona došla kod Vas da se pohvali kako ga je dobila za godišnjicu braka.

- Da?

- Klara Gorić tvrdi da ga je ona zajedno s mužem izabrala kad su bili prije tjedan dana u Austriji i da ga je on rezervirao, pa je za nekoliko dana došao po njega.

- A račun? – upitala je žena. – Imaju li račun? I garanciju?

- Tvrdi da ga je bacila.

- Račun za dijamant od četiri karata? ... I garanciju? ... To nitko ne baca ... Vidite, ona tvrdi da su ga kupili u Austriji, a on u Njemačkoj ... A čak da su ga vani i kupili, čime bi ga mogli kupiti kad nemaju novaca, imaju hipoteku na kući.

Zato je i došla kod mene. Da joj posudim novac da bi mogla skinuti hipoteku.

- Otkud znate da imaju hipoteku na kući i da nije skinuta?

- Pa ona mi je to rekla, Klara. To sam Vam već rekla, kad ste bili u mojoj kući. Da imaju hipoteku na kuću. I da im treba novac. A kad nisu prodali privjesak, znači da nisu ni skinuli hipoteku.

- Pola hipoteke na kući je isplaćeno. I to uredno.

- Isplaćeno? ...

Žena se kratko zamislila, ali onda je nastavila:

- Aha ... Ona mi je jednostavno htjela uzeti taj privjesak. S tom pričom o hipoteci me je htjela smekšati, da dam založiti privjesak pa da ga ona može otkupiti. A kad ga nisam založila, kad je vidjela da ne ide tako, na taj način, onda mi ga je ukrala.

Inspektor nije ništa rekao.

Žena je tužno pogledala inspektora:

- I zašto?

Nakon stanke inspektor je rekao:

- To je dobro pitanje, gospođo. Zašto ljudi postaju kriminalci?

- ... I što će sada biti?

- Sad državni odvjetnik može pokrenuti istragu protiv Gorića, ovo je bio samo policijski dio posla.

- Onda mogu dobiti privjesak nazad?

- Bit će potreban kao dokazni materijal sve dok se ne završi istraga. Ali kad budete pozvani kod istražnog suca da date iskaz, možete ga pitati da Vam ga vrati.

Žena je uzdahnula ustajući:

- Ah, bože, da mi se to dogodi u životu ...

Inspektor joj je otvorio vrata i rekao:

- I kad dobijete privjesak nazad, stavite ga u sef. Vještak kaže da vrijedi pravo bogatstvo.

Gospođa Rupnik ušla je u kuću, skinula kaput i pogledala fotografije na zidu. Približila se fotografiji na kojoj je ona klečeći grlila Princa. Poljubila ju je.

Otišla je u sobu, do radnog stola i izvukla iz ladice papir. Sjela je i počela pisati.

„Dragi Prinče!

Pet godina! Pet godina smo čekali, moj Prinče! ... Sad konačno možeš mirno spavati ...

... Svako zlo vraća se zlim i za svako nedjelo, kazna je nedjelo. To je pravedno i to tako treba biti ...

Kome si ti smetao? Kome si ti smetao u životu da si morao biti otrovan? Nikad nisi odlazio iz dvorišta, nikad nisi tulio po noći, bio si umiljat, poslušan. Djeca su te voljela, nisi nikad lajao na susjede. Ti si mi bio sve što sam imala poslije mog pokojnika, jedino zadovoljstvo, jedina utjeha u usamljenosti, jedini prijatelj ...

I morali su te otrovati! Morali su staroj ženi uzeti jedinu sreću i utjehu koju je imala!... Ali dobili su Gorići što su zaslužili. Nek' sad trunu u zatvoru. Rekli su mi da im je žao što je Princ otrovan, da im je bio simpatičan iako su ga se djeca bojala. Bojala?! Klara ih je vukla u kuću kao da je Princ šugav. Da mi mogu nabaviti drugog psa ako želim!? ... Drugog psa! Prokletnici! Kako je samo psovao kad je izlazio s autom iz garaže, da nek' moj pas ne sere po njihovom dvorištu, da mu to prlja gume na autu, pa im onda garaža smrdi ...

Ali ne poznaju oni stare ljude, ne znaju kako stari ljudi dugo pamte! ... Trebalo mi je snage, moj Prinče, da je pozovem u kuću, da podnesem njezin bezobrazni pogled, njezin uvredljivi smijeh, njezinu hinjenu pomoć. Gutala sam u sebi i čekala da počne pričati o sebi, o mužu, o svom životu ... Čekala sam i pamtila. I to mi se vratilo. Sama božja providnost htjela je da imam mali dijamantni privjesak među nakitom, od moje pokojne mame. Mali, sićušni privjesak. Sve se poklopilo: ona mi se došla hvalisati svojim privjeskom, svojim „herzšlif" dijamantom od četiri karata što joj je muž poklonio, Šimićka je znala da imam dijamantni privjesak, ali ga nije nikad vidjela, trebala sam joj samo staviti bubu u uho da moj privjesak ima četiri karata. A na Šimićku se čovjek može osloniti, ona pamti svaki detalj. Prijetnja na papiru je uspješno pojačala efekt cijele priče – policija ne uzima uvijek ozbiljno kad se stare ljude opljačka, ali na pljačku i na prijetnju ubojstvom su morali reagirati ... Čak su u svemu tome Gorići i sami pomogli: ona nije smjela reći da joj je to muž kupio u švercu, a zaboravila je da je to meni rekla. Da, Bog je htio da budu kažnjeni za njihovo nedjelo, za ubistvo moga Princa ...

Tako je to bilo, moj Prinče. Sve se svakom uvijek vraća i to istom mjerom. Što daješ to i dobivaš ... Jedino meni, moj Prinče, jedino meni nije ništa ostalo ... Nitko i ništa ... Samo uspomena na tebe ...“

Žena je prestala pisati jer su joj suze kapale po papiru. Prošla je rukom po napisanim redovima i razmazala u valovite obrise. Onda je – u jednom potezu – podrapala papir u sitne komadiće, ustala, otišla u WC, bacila papiriće u školjku WC-a i povukla vodu.

BALKON

kratka priča

Ksenija je hodala polagano jer joj je prijala topla noć, prazne ulice i blagi proljetni jugo. Zagledala bi se u koji izlog, u koje pročelje zgrade, tupo gledala za rijetkim noćnim tramvajima. Stala je ispred jedne trgovine, zapiljila se u neke cipele i razmišljala kako bi joj stajale. Zijevnula je, krenula dalje, i podignula pogled prema nebu. Pomislila je kako je teško ugledati nebo u gradu: zgrade su previsoke i nitko ne upravlja pogled prema gore, svatko gleda svoja posla.

Ubrzo se u vidokrugu njezina pogleda našla njezina zgrada. Stara trokatnica, malih uskih balkona, sad bez svjetla na prozorima. Dok joj se približavala, Ksenija je promatrala balkone. Na njezinom se još od jučer sušilo rublje. Pomislila je na kako se je sigurno presušilo. Pogledala je balkon kat niže. I ... zastao joj je dah.

Na ogradi balkona ležao je čovjek. Presavijen preko ograde. Gornji dio tijela visio je s balkona, bačen na ogradu kao krpa. Bio je u dugom kaputu, jedna ruka mu je izašla iz rukava, vidjelo se pola podlaktice, druga ruka se nije vidjela, bila je stisnuta pod tijelom. Ovratnik kaputa se presavinuo prema dolje i skrivao glavu. Ksenija je progutala knedlu.

Stala je i promatrala tijelo.

«Možda mu je pozlilo ...»

Rekla je poluglasno:

- Oprostite!

No tijelo se nije micalo.

Ponovila je glasnije:

- Susjed!

Nije bilo odgovora.

Pogledala je niz ulicu. Nije bilo auta, nitko se nije pojavljivao. Grad kao da je izumro. Još jednom je pogledala balkon. Tijelo je i dalje bilo nepomično.

Onda joj je sinulo:

«On je mrtav!»

Ušla je u stubište i popela se na kat. Došla je do vrata stana kojem je pripadao balkon. Tu su stanovali dvoje mladih, nedavno vjenčanih. Mlada žena ju je uvijek pozdravljala na stubištu. Od Irene, susjede iz prizemlja, saznala je da je ta žena kćer nekog političara, da je iz bogate obitelji, radi kao menadžerica u nekoj dobrostojećoj firmi i da joj je muž policajac. I da je u svađi sa svojom familijom jer nije izabrala bolju priliku za muža.

Ksenija je pomislila: «A što da im kažem? ... Susjedi, na balkonu imate mrtvog čovjeka ... To je totalno glupo ... A što ako znaju da im je mrtav čovjek na balkonu? Ako su ga oni tamo stavili? ... Ah, pa nitko ne stavlja mrtvace na balkon! Tko ima kakvog mrtvaca, nije glup da ga ostavlja na balkonu ... Možda im je to neki rođak koji je ostao sam u stanu pa mu je pozlilo ...»

Pozvonila je.

Nitko se nije javio.

Pozvonila je još jednom.

No ništa se nije micalo.

Spustila se nazad na ulicu. Odmaknula se od zgrade i ponovo pogledala balkon. Tijelo je još uvijek visjelo preko ograde. Ruka izbačena iz rukava bila je siva poput zida zgrade. Gledala je neko vrijeme u crnu priliku.

Onda se popela u svoj stan, na kat iznad balkona s mrtvacem.

Izašla je na svoj balkon, nagnula se preko ograde i pogledala donji balkon. Sad je vidjela mrtvaca iz druge perspektive: vidjela je tamnozeleni hubertus, noge muškarca su bile u zraku, tijelo je ležalo prevaljeno na ogradu na samom težištu.

Vratila se u svoju sobu. Uzela je komad papira, zgužvala ga u lopticu i onda se vratila na balkon. Naciljala je. Loptica je pogodila leđa muškarca.

Tijelo je ostalo mirno.

Razmišljala je par trenutaka. Uzela je svoj mobitel i nazvala policiju.

Dok je čekala da netko dođe od policije, vratila se na balkon. Još jednom je pogledala na donji balkon. Ali ... tijela više nije bilo! Nestalo je. Balkon je bio potpuno prazan.

Nagnula se još više.

Ne, oči je nisu varale – balkon je bio prazan. Zgranuto je rekla poluglasno: «Pa bio je ovdje! ...» U kutu balkona ugledala je bijelu lopticu. Njezinu kuglica papira.

Osjećala se glupo.

Ksenija je objasnila policijskoj patroli, crveneći, da se radi o nesporazumu, da je ulična rasvjeta bacala sjenu baš na taj balkon, da nema nikakvog leša, da joj je žao što ih je uznemiravala, da je to valjda od umora, da je dugo radila i tako, ni njezin vid nije kao prije. Jedan od policajaca je pozvonio na vrata kojemu je pripadao balkon s nestalim mrtvacem, ali nitko se nije javio. Drugi policajac je otišao na njezin balkon i pogledao donji balkon. Balkon je i dalje bio prazan. Još jednom se ispričala dok su odlazili. Još je čula njihove glasove i onda se sve umirilo.

Legla je izmorena, kao prebijena.

Kad je drugo jutro izlazila iz zgrade Ksenija je srela Irenu. Ova je vukla dva velika kofera i pozdravila je s uzdahom – da je baš u stresu, da bi joj baš godila kava, ali da nema vremena jer odlazi s bendom na turneju u Njemačku i onda poslije u Holandiju, na tri mjeseca, sve je ugovoreno na brzinu, honorar je ogroman, iako ne voli sve tako na brzinu i navrat-nanos.

- Znaš, dogodila mi se čudna stvar – rekla je Ksenija. – Za smijati. Znaš one susjede iznad tebe? Onu mladu i njenog muža policajca? E, na njihovom balkonu sam sinoć vidjela tijelo prebačeno preko ograde. Zapravo, nisam vidjela, učinilo mi se da sam vidjela.

Irena se uozbiljila:

- Kad si to vidjela?

- Negdje oko ponoći.

Irena je uzvratila bez daha:

- Znači, i ti si vidjela?

Ksenija ju je netremice gledala, a Irena je nastavila:

- Ja sam se vraćala s probe, bilo je oko jedanaest-pola dvanaest. Bog zna zašto sam pogledala gore. I vidjela, bože, bilo je strašno, smrznula sam se od straha, vidjela sam mrtvaca kako visi s balkona. Mrtvog čovjeka, načisto mrtvog. Viknula sam: «Gospon!« A on niš. Ležao onako grozno kao u horor filmovima. Samo što mu krv nije kapala na ulicu. Mislim, nije, ali tak kak da je. Stresla sam se od užasa. I ništa, pobegla sam u stan. Što ću mu sad ja? Ak' je mrtav, mrtav je, ja mu više ne mogu pomoći. Valjda ovi mladi gore znaju da im je mrtvac na balkonu, tak sam si mislila. To je njihova stvar, na njihovom je balkonu.

- Ali ako si i ti vidjela mrtvaca na balkonu, onda to trebaš reći policiji.

- Policiju? – začudila se Irena. - Bože sačuvaj! Ja i policija smo na «Vi», daleko im dobra kuća. Što da im ja govorim gdje ima mrtvaca, to je njihov posao, nek' si oni sami traže mrtvaca. Osim toga, sad nemam vremena, moram na put. Ne mogu sve jednostavno otkazati i reći nek' sve pomaknu za par dana. To ne ide. A lova je super. – Irena je raširila ruke. - Žao mi je ..., - pa se nasmijala – ali ako drugi put vidim mrtvaca ...

Taksi se zaustavio ispred njih i dok je taksist ubacivao kovčege u prtljažnik, Irena je još dodala:

- Ma što si razbijaš glavu, nisi ti dužna voditi brigu o tuđim problemima. Tako čovjek duže živi.

Ksenija je ostala stajati na ulici i mahnula Ireni pri

- Nemate ništa protiv, zar ne? – usudila se Ksenija.

Muškarac ju je ledio pogledom. Onda se odmaknuo od vrata i pustio da uđe. Ksenija je nesigurno zakoračila u stan. Muškarac je krenuo u sobu, ona za njim. Otvorio je vrata balkona i pustio da uđe na prazan balkon.

Ksenija je čučnula i počela rukama pipati po podu. Oči joj nisu pratile ruke – gledala je da nađe bilo kakav znak, bilo kakav trag tijela koje je jučer bilo na balkonu. Njezine kuglice papira više nije bilo na balkonu.

- Nema leće. Možda nije ni pala na balkon. Možda se odbila od ogradu i pala na ulicu.

- Je l`? – uzvratio je muškarac. – Što to sad treba značiti?

Ksenija se uzmucala:

- Ovaj, znate, nisam vidjela gdje je točno pala, mogla je pasti i, ovaj, na ulicu. Bilo je već mračno, ja sam se nagnula, da vidim, ovaj da pogledam tko to viče po ulici. Nekakva dječurlija ...

- Ali ste došli na moj balkon to provjeriti? – muškarac je podignuo glas pun podrugljivosti.

Ksenija je ušutjela. Muškarac je koraknuo prema njoj. Sad je shvatila u kakvoj je glupoj situaciji: nije poznavala tog čovjeka, a bila je u njegovom stanu. I to svojom voljom.

- I što ćemo sada? – oči su mu čudno svijetlile.

Ksenija je mjerila prostor između njega i stola. Bilo je usko, ne bi mogla pobjeći iz sobe.

Muškarac se uhvatio za svoj remen, ustobočio se ispred nje i ponovio s cinizmom:

- Što ćemo sada? ... Ha?

odlasku:

«Ali ovdje se ne radi o tuđim problemima. Ovdje je pitanje tuđeg života. To je ozbiljna stvar. Čovjek mora imati suosjećaj za drugog ...»

Ušla je u zgradu, popela se na prvi kat i pozvonila na vrata stana kome je pripadao balkon. Vrata su se sad otvorila. Na njima je stajao muškarac neobrijana lica, podbulih očiju i zlovoljnog izraza lica. On ju nije pozdravljao na stubištu, uvijek je izgledao narogušeno, ljutito.

- Dobar dan. Oprostite susjed što smetam. Ja sam, znate, susjeda sa gornjeg kata.

Muškarac ju je odmjerio od glave do pete. Ali nije ništa rekao, nije joj ni odzdravio.

- Radi se o glupoj stvari. Jučer kad sam bila na svom balkonu, nagnula sam se preko ograde i, ovaj, jedna mi je leća ispala iz oka. Na Vaš balkon.

Muškarac je šutio.

- Ako bih mogla pogledati na Vaš balkon. Znate, nemam rezervne leće.

Muškarac je konačno progovorio. No to je zvučalo kao da je zarežao:

- Sinoć vam je pala leća na moj balkon i Vi biste sada na njega?

Ksenija se glupavo nasmiješila:

- Da, ako nemate ništa protiv ...

- I iako nemate leću na oku, želite tražiti komadić stakla na mojem balkonu? – odvratio je muškarac naglašavajući svaku riječ.

Ksenija je pomislila kako je bilo vrlo glupo da je ušla u stan na čijem je balkonu vidjela leš. Leš koji je nestao.

- Dođite bliže. – rekao joj je zapovjednički.

Ksenija se ukočila od straha.

Kad je vidio da se ne miče s balkona, zlobno se nacerio i krenuo k njoj.

U tom času začulo se otključavanje vrata.

Muškarac je zastao, Kseniji je srce prestalo kucati.

U sobu je ušla mlada crnomanjasta žena s vrećicama u rukama. Pogledala ih je iznenađeno, a onda se nasmiješila:

- Imamo goste, dragi?

Ksenija je povratila dah. Zabrzala je:

- Dobar dan, susjeda! Znate, glupa stvar, pala mi je leća na vaš balkon i došla sam je potražiti, ali je nisam našla. Sad moram ići.

Provukla se uz muškarca i pohitala k ulazu. Mlada žena ju je pokušala zaustaviti:

- Ah, susjeda! Ne trebate bježati, možemo popiti kavu.

- Možda drugi put. – odvratila je Ksenija zatvarajući ulazna vrata kao tat.

Kad je uletjela u svoj stan, zaključala se i naslonila na vrata teško dišući.

Strah joj je kucao u svakom dijelu tijela.

Kad joj se krv u žilama otopila, posegnula je za kutijom cigareta koje bi tu i tamo znala zapaliti i željno povukla dim.

«Mogao me je ubiti!» – pomislila je. - «Mogla sam završiti kao onaj na njegovom balkonu! Ja sam zbilja luda! Koji me je vrag tjerao da idem na njegova vrata?! ... Trebala sam pozvati policiju pa neka se oni s njim raspravljaju. S luđakom! ...» Ksenija je zastala: «Bože, pa što ja to pričam? Pa on je policajac!»

Sjedila je još neko vrijeme bez snage da dalje razmišlja. Kad je ugasila drugu cigaretu, stresla je glavom kao da se trijezni od svojih misli. Ustala je i rekla poluglasno:

- Sve mi se to samo pričinilo. Bilo je tamno, bila sam umorna i nije bilo svjetla ...

Još neko vrijeme je hodala po stanu ne znajući što da započne. Na kraju je ustanovila da se treba spremati za posao. Bacila je pogled na ulicu. I ostala zapanjeno stajati: muškarac s donjeg kata, luđak, uvlačio je u kombi veliku dugačku kutiju. Kutija dužine lijesa ... I to vrlo tešku. Mučio se da je digne do zadnjih vrata na autu.

«... Pa ne može biti drugo! Ne, ne može. To je jasno! ...»

Sad nije dugo razmišljala – nazvala je policiju.

Nakon desetak minuta Ksenija je vidjela kroz prozor kako su se ispred zgrade zaustavila policijska kola. Dvojica policajca su prišla muškarcu i ovaj ih je pozdravio sa smiješkom. Ovi su susretljivo odzdravili i onda su kratko pričali. Muškarac je naglo podignuo glavu prema Ksenijinom prozoru. Pogledom koji ju je htio ubiti. Ksenija se sledila od strave. Nakon toga muškarac je otvorio kutiju. U kutiji je bila gomila nabacanih knjiga. Muškarac je zatvorio kutiju i policajci su mu pomogli unijeti kutiju u kombi.

Kad je policijski auto otišao, muškarac nije sjeo u kombi, nego je ušao u zgradu. Par minuta nakon toga Ksenija je začula zvonce na ulaznim vratima.

«Ne, neću mu otvoriti ... »

Zvono je zazvonilo još jednom.

Ksenija je na prstima došla do ulaznih vrata i pogledala kroz špijunku. Pred vratima je stajala crnomanjasta žena.

Odahnula je i otvorila vrata.

- Dobar dan, susjeda. Evo, moj muž je našao što ste jutros tražili ... – pružila joj je kutijicu šibica.

Ksenija je otvorila kutijicu i ugledala leću za oči.

Zabezeknuto je pogledala ženu.

- Našao ju je na balkonu, u kutu, jedva se nazirala. Normalno, kad je prozirna ...

Ksenija je tupo zurila u leću. Protresla je kutijicu, ni sam ne znajući zašto. Podigla je leću prema svjetlosti.

Onda je pogledala ženu i nasmijala se nelagodno:

- Čujte, ovo nije moga leća. Ja sam svoju našla među šminkom, ispala mi je prije no što sam došla na balkon, ali nisam primijetila. Maloprije sam je našla, htjela sam se našminkati prije posla ...

Žena ju je zbunjeno gledala:

- A tako ... Onda je valjda od nekog drugog ...

- Da, valjda. Moja uglavnom nije ... Ali hvala Vam za trud ...

Žena je uzela kutijicu i začuđeno promrmljala:

- Hm, neobično ... da ljudi gube leće baš na našem balkonu ...

Kad je otišla, Ksenija je opet zapalila cigaretu.

Onda se počela smijati. Histerično smijati. Bilo joj je

smiješno jer joj je palo na pamet značenje fraze «petljati se u tuđe poslove». A mama joj je toliko puta rekla da brine samo svoja posla. I tu je ona samu sebe vidjela kao djevojčicu kako pokazuje prstom na mrtvaca i govori: Reći ću te mami da si mrtav ... – I ona sad, nakon toliko godina, nije bila u stanju zapamtiti tako jednostavno uputstvo za sreću. Ta slika joj je bila izuzetno komična. Osjećala se kao idiot.

Zapalila je još jednu cigaretu i kratko razmišljala. Onda je zavrtjela glavom, odriješito ugasila cigaretu i glasno rekla:

- U strahu su velike oči.

Drugo jutro prije posla Ksenija je pogledala svoj poštanski sandučić. Tamo je našla obavijest da treba podići paket na pošti. Pošiljatelj je bio Ghetaldus, optičarska firma.

«Ghetaldus?... Zašto Ghetaldus?» - Ksenija se nasmijala. – «Zar cijeli Zagreb zna da ima problema s očima?»

Pogledala je na sat i odlučila da ide na poštu sutradan. Taj paket joj je bio nepoznanica i nije htjela zbog njega kasniti na posao – njezina kolegica u bolnici ne voli da čeka na razmjenu smjene. To je bilo u redu za Kseniju – ni ona nije voljela kad je morala čekati poslije završene smjene na sljedeću medicinsku sestru koja kasni.

I te večeri kad se vraćala s posla Ksenija je šetala do kuće i opet uživala u ugodno umornom gradu i atmosferi opuštenosti ulica. Kad je došla do svoje kuće, nekako je instinktivno pogledala prema balkonima. I sad je – da, opet je vidjela isti prizor – mrtvo tijelo prebačeno preko balkona!

Na balkonu njezinih susjeda u stanu ispod nje.

«Pa kako je to moguće?! ... Ja mora da sam luda! ...»

Stala je i koncentrirano promatrala balkon. Da, nije bilo greške, to jeste bilo tijelo. Mrtvac. No, sada je Ksenija odlučila reagirati malo pribranije. Odlučila je otići u susjednu zgradu i pogledati balkon iz druge perspektive.

I za tili časa je već bila u susjednoj zgradi, popela se na drugi kat stubišta odakle je dobro mogla vidjeti balkon. I – sad je Ksenija bila potpuno zbunjena: mrtvaca više nije bilo!

«Kako?! ... Je li ja zaista haluciniram?! ...»

Pogledala je još jednom pažljivo balkon, ali on je bio prazan.

Spustila je nazad, na cestu, i pogledala prema gore. I sada je balkon bio prazan.

«Ovo je čisto ludilo! ... Ja zaista moram otići optičaru!»

I na tu misao se Ksenija počela histerično smijati:

«Ha! Ne trebam ići optičaru – optičar mi se već javio paketom ...»

Drugo jutro Ksenija je susrela mladu susjedu na stubištu kako izlazi iz svojeg stana. Ksenija je htjela izbjeći susret, ali to se više nije dalo jer ju je susjeda spazila:

- Ah, susjeda! Dobro jutro! Kako je?

- Dobro jutro! Ide, hvala ...

- Mi se nismo zapravo ni upoznale, zar ne? – rekla je mlada žena i pružila joj je ruku. – Ja sam Romana.

Ksenija je pružila ruku:

- Drago mi je, ja sam Ksenija.

Romana je nastavila pričljivo:

- Nadam se da ste već gotovi s proljetnim spremanjem. Ja se spremam već tjednima da se bacim na posao, ali nikako da nađem vremena. Uspjela sam jedino izvaditi tepih iz sobe, hoću ga dati na čišćenje.

- ... S proljetnim spremanjem? – zbunjeno je ponovila Ksenija.

- Da, baš mi je muž rekao da ste imali paučinu u kosi kad ste bili prekjučer kod nas.

- ... Paučinu?

- Da, u kosi. Htio vam je maknuti pučinu iz kose, ali Vi ste djelovali nekako uplašeno.

- ... Uplašeno?

- Ah, moj muž djeluje na ljude zastrašujuće, što nije ugodno, za njegov posao to mu nije na štetu – on je policajac – , ali za prijatelje je strašno. Ljudi ne reagiraju uvijek pozitivno.

- ... Ah, tako ... – rekla je Ksenija izbjegavajući iskrenu reakciju.

- Pa zato pitam. Lijepo je proljetno vrijeme, dušu dalo za čišćenje – tko voli. – dodala je Romana uz osmijeh.

- ... Pa da, to vrijeme, uvijek je puno posla ... – odgovorila je Ksenija neodređeno.

- Ja idem autom do Borongaja. Ako Vam paše, mogu Vas negdje odbaciti.

- ... Hvala Vam, vrlo ljubazno od Vas, ali idem u drugom smjeru.

- No dobro, onda ćemo se ipak morati vidjeti na kavi. –

nasmiješila se mlada susjeda.

- Da, naravno. Čim završim spremanje ... – slagala je Ksenija sad bez da je trepnula.

- Do uskoro.

- Da ...

Na putu prema poslu zazvonio je Ksenijin mobitel. Bila je to Irena, pjevačica:

- ... Stara, čuj, skroz sam smetnula s uma. Nisam ti rekla da sam dala tvoju adresu da mi pošalju poštom naočale. Ja nemrem tak dugo čekati dok se vratim, hoću da me moje skupe naočale čekaju doma pa sam zato dala tvoju adresu kao i onda prije kad si ti podigla za mene onaj paket s haljinom, prije par mjeseci ... Jese ljutiš? ... Nemoj se ljutiti, znaš kak sam ja neorganizirana i luda ... Ma ti si srce! ... Ali nemoj nikom reći da ne vidim dobro, okay? Hahahahaha, to šteti mojoj ljepoti, hahahaha, iako su naočale samo za čitanje, no - koja pjevačica još čita? Hahahahaha ... Pusa, stara, i hvala ti, ti si super ...

Kad se Ksenija navečer vraćala s posla i došla pred svoju zgradu, i opet je morala pogledati prema balkonu.

I onda je još jednom vidjela nešto prebačeno preko ograde balkona.

Ali sad, iz nekog neodređenog razloga, bila je uvjerena da to nije mrtvac. Sada je mirno zastala i dobro pogledala balkon. I vidjela je nešto novo: preko ograde balkona ležao je tepih. Tepih zamotan u balu koja je izgledala kao ljudsko tijelo.

Ksenija se nasmijala i spustila pogleda:

«Kako bi moja mama rekla: Nemoj sve vjerovati svojim očima ...»

Onda je još jednom podigla pogled visoko iznad kuća, pogledala u tamno nebo iznad kuća i duboko udahnula ugodni noćni zrak.

Sve je bilo tiho i sve je pozivalo na noćni odmor.

VOKABELLISTE

Abkürzungen*:*

abw. – abwertend
Akk. – Akkusativ
D – Dativ
dem. – Deminutiv, Verkleinerungsform
dial. – Dialekt
f – Feminin
fig. – figurativ
G – Genitiv
hist. – historisch
Inst. – Instrumental
L – Lokativ
m – Maskulin
N – Nominativ
n – Neutrum
pl. – Plural
reg. – regional
Sg. - Singular
Slang – Slang, Jargon
umgs. – umgangssprachlich
voll. – vollendeter Verbalaspekt
vulg. – vulgär

A

alat – Werkzeug

B

bacati pogled – Blick werfen; bacati pogled za nekim – j-n. nachschauen bačen – geworfen

baciti pogled – Blick werfen

baciti se na posao – sich an die Arbeit machen

baciti, ja bacim – wegwerfen

bala – Rolle

bar – wenigstens, mindestens

bazen – Schwimmbecken

beskrupulozna (f) – ohne Skrupel, skrupellos

bešumno – ohne Ton, leise

bezazlenost – Unschuld, Harmlosigkeit

bezveze (umgs.) – blöd, sinnlos

bivši, bivša, bivše (m/f/n) – ehemalig

blag – sanft

blijed, blijeda, blijedo (m/f/n) – blass

bljesak – Blitz; sinulo joj je kao bljesak – ihr kam etwas in den Sinn wie ein Blitz

bog = Bog – Gott

bojati se, ja se bojim – sich fürchten

Bokić! (umgs.) = Bok! – Hallo!

Borongaj – Stadtviertel in Zagreb

Bože sačuvaj! – Gott behüte!

Bože! – Gott!

božja providnost (poetisch) – göttliche Vorsehung

bračni krevet – Ehebett

bračni savjetnik – Eheberater

brak – Ehe

brakolomnica – Ehebrecherin

brava – Schloss

brbljanje – Quatschen

briga – Sorge; voditi brigu o – sich kümmern um; sich sorgen um

brinuti svoja posla – sich um eigene Sachen kümmern

brzina – Schnelligkeit; sve je ugovoreno na brzinu – alles ist auf die Schnelle vereinbart

buba (umgs.) – Käfer; staviti bubu u uho (umgs., Phrase) – veranlassen, dass jemand an etwas ständig denkt

budala – Tor, Blödmann

buniti se, ja se bunim – protestieren

bunovan, bunovna, bunovno (m/f/n) – schläfrig

C

cedulja – Zettel

crnomanjasta žena – Brünette

crveneći – während sie/er errötet wird

crvenokosa – Rothaarige

curica (umgs.) – kleines Mädchen

Č

čas – Moment; u tom času – in diesem Moment

činiti se, ja se činim – vorkommen, scheinen

čučati, ja čučim – hocken

čučnuti se, ja se čučnem (voll.) – hocken, in die Hocke gehen

čudan, čudna, čudno (m/f/n) – komisch, ungewöhnlich

čuditi se, ja se čudim – sich wundern

D

dah – Atem

daleko im dobra kuća (umgs., Phrase) – jemanden fernhalten, jemand auf Distanz halten

daska za glačanje – Bügelbrett

dečki (Pl.) – Jungs

dijamantni privjesak – Diamantenanhänger

dim – Rauch; povući dim cigarete – an der Zigarette ziehen

dio (Pl. dijelovi) – Teil

dirano – gerührt

dirati, ja diram – rühren; berühren

dišući – atmend

dječurlija (pej.) – laute oder unerzogene Kinder

djelo – Werk

djevojčura (pej.) – «leichtes» Mädchen

dobrostojeći – reich

doduše – zwar

dogoditi se, ja se dogodim (voll.) – passieren

dogovoriti se, ja se dogovorim (voll.) – eine Abmachung treffen

dokazni materijal – Beweismaterial

dokon, dokona, dokono (m/f/n) – untätig

doma (umgs., dial.) = kod kuće – zu Hause

donji – unterer

dopasti se, ja se dopadnem (voll.) – gefallen; privjesak joj se dopao – sie hat am Anhänger Gefallen gefunden

dopustiti, ja dopustim (voll.) – zulassen, erlauben

doseliti se, ja se doselim (voll.) – umziehen

dotjeran, dotjerana, dotjerano (m/f/n) – hübsch, schön gemacht

dozvoljavati, ja dozvoljavam – erlauben, zulassen

drago dijete – ein liebes Kind

dragocjenost – wertvolle Sachen

društvo – Runde

državni odvjetnik – Staatsanwalt

dug (Pl. dugovi) – Schuld

dugovati, ja dugujem – schulden

duša – Seele

dušom i tijelom – mit Leib und Seele

dušu dalo zu (umgs., Phrase) → lijepo je proljetno vrijeme, dušu dalo za čišćenje – diese Frühlingszeit ist die beste Zeit zum Putzen
dvorište – Haushof

Dž

džep – Sakkotasche

E

elipsasti oblik – ellipsoide Form
Eto! – Na bitte!

F

faliti, ja falim (umgs.) – fehlen
frcati, ja frcam (voll.) – sprühen; iskre su frcale – es hat gefunkt, Funken haben gesprüht

G

gadno – schrecklich
giht – Gicht
glas (Pl. glasovi) – Stimme
glup, glupa, glupo (m/f/n) – blöd, doof

glupavo – doof

glupost – Blödheit,

godišnjica braka – Hochzeitstag

goditi, ja godim – passen; to joj nije uvijek godilo – das hat ihr nicht immer gepasst

gološav, gološava, gološavo (m/f/n) – halbnackt

gomila – Haufen

Gospon! (umgs., dial.) = Gospodine! – Herr!

gotovina – Bargeld

grliti, ja grlim – umarmen

grob – Grab

groblje – Friedhof

grozno – schrecklich

grubost – Grobheit

gume – Reifen

gutati, ja gutam – schlucken

gužvajući – zerknüllened, zerknitternd

gužvati, ja gužvam – knittern

H

hinjen, hinjena, hinjeno (m/f/n) – geheuchelt

hodati, ja hodam – gehen, Schritte machen

hodnik – Gang, Flur

hrabrost – Mut

hubertus (umgs.) – Hubertusmantel

hvalisati se, ja se hvališem (pej.) – angeben, protzen

I

ionako – sowieso

irski seter – Irish Setter (Hunderasse)

iskomentirati, ja iskomentiram (voll.) umgs. – ausführlich kommentieren

iskoristiti, ja iskoristim (voll.) – ausnutzen

iskra – Funke

iskren, iskrena, iskreno (m/f/n) – ehrlich

iskustvo – Erfahrung

ispasti, ja ispadnem (voll.) – fallen, herausfallen

ispeglan, ispeglana, ispeglano (m/f/n) umg. – gebügelt

ispisan, ispisana, ispisano (m/f/n) – beschrieben

isplaćeno – ausbezahlt

isplatiti se, ja se isplatim – sich auszahlen, sich lohnen

ispričati se, ja se ispričam (voll.) – sich entschuldigen; sich lange unterhalten

ispuhani balon – Ballon ohne Luft, luftleerer Ballon

išta – irgendwas

istekli su rokovi – Fristen sind abgelaufen

istraga – gerichtliche Ermittlung/Untersuchung

istražni sudac – Untersuchungsrichter

izabrati, ja izaberem (voll.) – auswählen

izašla → Inf. izaći, ja izađem – rausgehen; PPA: izašao, izašla, izašlo

izbjeći, ja izbjegnem (voll.) – vermeiden, ausweichen

izbjegavajući – vermeidend

izbrbljati, ja izbrbljam (voll.) – ausplaudern

izdržati, ja izdržim (voll.) – aushalten

izjava – Aussage

izlog – Schaufenster

izmišljotina (pej.) – Fiktion

iznenaditi, ja iznenadim (voll.) – überraschen

izokrenut (m) – umgestoßen, umgekippt

izraz – Ausdruck; izraz lica – Gesichtsausdruck

izumro → Inf. izumrijeti, ja izumrem (voll.) – aussterben, ohne Lebenszeichen; PPA: izumro, izumrla, izumrlo

izvoz – Export

izvukao – herausgezogen; Inf. izvući, ja izvučem (voll.) – raus ziehen; PPA: izvukao, izvukla, izvuklo

J

jednom riječju – in einem Wort

Jese ljutiš? (Slang) = Ljutiš li se? – Bist du mir böse?

jugo – Südwind

K

kajanje – Reue

kapati, ja kapam – tropfen

karika – Glied, Ring

kikotati se, ja se kikoćem – sprunghaft lachen

kimati, ja kimam – nicken

klečeći – kniend

kloniti se, ja se klonim – fernhalten, fernbleiben

knedla → progutati knedlu – einen Kloß im Hals haben

kojekakve sitnice – irgendwelche Kleinigkeiten

komadić – Teilchen

kombi – Kleintransporter

konačno – endlich

košara – Korb; košara za prljavo rublje – Wäschekorb

kreč – Kalk

kriminološka obrada – kriminaltechnische Untersuchung

kroj – Schnitt

krpa – Lappen, Fetzen

krv – Blut

kucati, ja kucam – klopfen

kuhinjski stol – Küchentisch

kune se – er schwört

kupaći kostim – Badekostüm

kupiti na crno – schwarz kaufen

kutija – Schachtel

kutijica s nakitom – Schmuckschachtel

L

ladica – Schublade

lagati, ja lažem – lügen

lajati, ja lajem – bellen

lakomislenost – Leichtsinnigkeit

lančić – Kette; zlatni lančić – Goldkette

leća – Linse

lediti, ja ledim – vereisen, frieren; lediti pogledom – mit einem kalten Blick anschauen

legla – gelegt; Inf. leći, ja legnem – sich legen; PPA: legao, legla, leglo

leš – Leiche

ličiti, ja ličim – ähneln

lijes – Sarg

loptica – ein kleiner Ball

lova (umgs.) = novac – Geld

lud – verrückt

luđak – Wahnsinniger

ludilo – Verrücktheit; Ovo je čisto ludilo! (umgs.) – Das ist ein Wahnsinn!

LJ

ljepota – Schönheit

ljetni sako – Sommersakko

ljubavnica – Liebhaberin

ljubavnik – Liebhaber

ljubomoran, ljubomorna, ljubomorno (m/f/n) – eifersüchtig

ljutito – verärgert, böse

M

maloprije – kurz davor, vor wenigen Augenblicken

maneken – Mannequin

manira – Manire; s dobrim manirima – gut erzogen

medaljon – Medaillon

metla – Besen

micati se, ja se mičem – sich bewegen

milovati, ja milujem – liebkosen, streicheln

miran, mirna, mirno (m/f/n) – ruhig

mirisati, ja mirišem – riechen

mirovati, ja mirujem – ruhen

mirovina – Pension

misao – Gedanke

misli (Pl.) – Gedanken

mišljenje – Meinung

mjeriti, ja mjerim – messen

mjesto – Stelle, Ort; vratio je kutiju na mjesto – er hat die Schachtel zurück gelegt

momak – Bursche

mračno – dunkel

mršav, mršava, mršavo (m/f/n) – schlank, dünn

mrtav, mrtva, mrtvo (m/f/n) – tot

mrtvac – tote Person

mucajući – stotternd

mučiti se, ja se mučim – sich quälen

mutavac (umgs., pej.) – Blödmann

muževa rodbina – Verwandtschaft des Gatten

N

nabacan – aufeinander gestapelt

naceriti se, ja se nacerim – grinsen, angrinsen

naciljati, ja naciljam (voll.) – zielen

način – Art; bez obzira na koji način – egal auf welche Art und Weise

načisto (umgs.) – ganz, voll, gänzlich

nađen (m) – gefunden

nadopuniti, ja nadopunim (voll.) – ergänzen

nađu se – sie treffen sich (absichtlich); Inf. naći se, ja se nađem (voll.) – sich treffen (absichtlich)

nagao, nagla, naglo (m/f/n) – plötzlich

naglašavajući – betonend

nagnut (m) – gebeugt

nagnuti se, ja se nagnem (voll.) – sich beugen, sich hinaus lehnen

najdraža uspomena – die schönste Erinnerung

nakit – Schmuck

nalijepljen (m) – geklebt, angeklebt, aufgeklebt

namješten, namještena, namješteno (m/f/n) – hergerichtet

namrgođen, namrgođena, namrgođeno (m/f/n) – mit grimmigem Gesichtsausdruck

naočale – Brille

napisano – aufgeschrieben

napola – halb

naporno – anstrengend

napraviti, ja napravim (voll.) – machen

narav – Natur

narediti, ja naredim (voll.) – befehlen

naroguśeno – verärgert, unzufrieden, drohend

nasamo – allein

nastrani tipovi (Pl.) pej. – abartige Typen

natuknuti, ja natuknem (voll.) – andeuten

navikavati se, ja se navikavam – sich gewöhnen

navrat-nanos – Hals über Kopf

nazirati se, ja se nazirem – etwas schwer oder langsam erkennen

nećakinja – Nichte

nedavno – neulich

nedjelo – Untat

nedohvatljivo – unerreichbar

nedostajati, ja nedostajem – fehlen

neistraženo – Unerforschtes

nekoliko – einige

nemrem (umgs., dial.) = ne mogu – ich kann nicht

neobrijan – unrasiert

neodređeno – unbestimmt

nepažnja – Unachtsamkeit

nepomičan, nepomična, nepomično (m/f/n) – unbeweglich

nepoznanica – Unbekannte; etwas Unbekanntes

nepredviđeno – Unerwartetes

nered – Unordnung

nesporazum – Missverständnis

nestati, ja nestanem (voll.) – verschwinden

nestrpljiv, nestrpljiva, nestrpljivo (m/f/n) – ungeduldig

netremice – unentwegt

neuredno – unordentlich

nevin, nevina, nevino (m/f/n) – unschuldig

nevjera – Untreue

nezaboravan, nezaboravna, nezaboravno (m/f/n) – unvergesslich

ni – auch nicht, nicht mal

Nikad ne reci nikad. – Sag niemals nie.

niš (umgs., dial.) = ništa – nichts

niti – niti = weder – noch

niža (f) – niedriger

novina – Neuigkeit, eine neue Sache

nutrina – Inneres

O

obavijest – Nachricht

obaviti, ja obavim (voll.) – erledigen, machen

oblik – Form

obrada – Ermittlung, Untersuchung

obratiti se, ja obratim (voll.) – sich wenden

obris – Gestalt, Form

obzir → bez obzira na koji način – egal auf welche Art und Weise

obzir → bez obzira – ungeachtet dessen

očekivati, ja očekujem – erwarten

ocrtavati, ja ocrtavam (voll.) – sich abzeichnen

odavati, ja odajem – verraten

odavno – längst

odbaciti nekoga negdje (umgs.) – j-n. wo absetzen

odbacivati, ja odbacujem – abwerfen, wegwerfen
odbiti, ja odbijem (voll.) – ablehnen, abschlagen
odbiti, ja odbijem (voll.) – abprallen
odgovornost – Verantwortung
odjek – Echo
odlazak – Abgang; pri odlasku – beim Abgang
odmaknuti se, ja se odmaknem – sich entfernen
odmjeriti od glave do pete – vom Kopf bis Fuß mustern
odnijeti, ja odnesem (voll.) – wegbringen; stehlen
odnos – Verhältnis
odolijevati zubu vremena (Phrase) – dem Zahn der Zeit widerstehen
odrješito – resolut
odrijemati, ja odrijemam (voll.) – ein Schläfchen machen
odseliti se, ja se odselim (voll.) – wegziehen, umziehen
odustati, ja odustanem (voll.) – aufgeben
odušak (G: oduška) → dati oduška zlovolji – dem Missmut freien Lauf geben
oduvijek – seit immer
odzdraviti, ja odzdravim (voll.) – zurückgrüßen
odzvanjati, ja odzvanjam (voll.) – hallen, widerhallen
ofarbati, ja ofarbam (voll.) umgs. – färben
ogledalo – Spiegel
ogorčen, ogorčena, ogorčeno (m/f/n) – verbittert
ograda – Zaun

okovratnik – Kragen

okrugao, okrugla, okruglo (m/f/n) – rund

okupati se, ja se okupam (voll.) – baden

okupljen, okupljena, okupljeno (m/f/n) – versammelt, gesammelt

okvir – Rahmen

optičar – Optiker

optuživati, ja optužujem (voll.) – beschuldigen, Vorwürfe machen

opuštenost – Gelassenheit

orgazam – Orgasmus

oružje – Waffe

osam (sati) – 8 Uhr

osjećaj – Gefühl

osloniti se, ja se oslonim (voll.) – sich verlassen

ostava – Abstellraum

oštećen, oštećena, oštećeno (m/f/n) – beschädigt; geschädigt

osuđivati, ja osuđujem – verurteilen

otada – seitdem, seither

otisak (Pl. otisci) – Abdruck

otkazati, ja otkažem (voll.) – absagen; noge su joj otkazale poslušnost – ihre Beine habe ihr Gehorsam verweigert

otključati vrata – absperren

otkupiti, ja otkupim (voll.) – abkaufen

otopiti, ja otopim (voll.) – auftauen (Gegensatz von erfrieren/frieren)

otrovan, otrovana, otrovano (m/f/n) – vergiftet

otrovati, ja otrujem (voll.) – vergiften

ovaj... (umgs.) – hm... ich meine...

ovratnik – Kragen

ozbiljan, ozbiljna, ozbiljno (m/f/n) – ernsthaft

ozbiljnost – Ernst

P

padajući – fallend

pamtiti, ja pamtim – sich merken, sich erinnern

papirić – Zettel

pas ljubimac – Hund als Haustier

paše → ako vam paše (umgs.) – falls es für Sie günstig wäre

patrola – Streife

paučina – Spinnennetz

paziti, ja pazim – aufpassen, achten, Acht geben

pažljivo – vorsichtig

pažnja – Aufmerksamkeit; Achtung

peglati, ja peglam (umgs.) – bügeln

petljati se u tuđe poslove (Phrase, pej.) – sich einmischen

pipati, ja pipam – tasten

piše → ovdje piše – hier steht

pjevušiti, ja pjevušim – trällern

platinasti okvir – Platinrahmen

pluća – Lunge

pobjeći, ja pobjegnem (voll.) – fliehen

pod – Boden

podbule oči – aufgequollene Augen

podcjenjivati, ja podcjenjujem – unterschätzen

podići hipoteku – Hypothek aufnehmen

podignuo – gehoben; Inf. podići, ja podignem (voll.) – abholen; heben; PPA: podignuo, podignula, podignulo

podijeliti, ja podijelim (voll.) – teilen; sich mitteilen

podižem – ich hebe; Inf. podizati, ja podižem – heben;

podizati muškost – Männlichkeit bestätigen

podlaktica – Unterarm

podrapati, ja podrapam (voll.) umgs. – zerfetzen

podrugljivost – Spott

poduzeti, ja poduzmem (voll.) – unternehmen

pogladiti, ja pogladim (voll.) – liebkosen; beruhigen

pogon – Betrieb

pohitati, ja pohitam (voll.) – eilen

pohvaliti se, ja se pohvalim (voll.) – sich selbst loben, angeben

pojam – Begriff; nemati pojma – keine Ahnung haben

pojas – Taille; udarac ispod pojasa – Schlag unter der Gürtellinie pojavljivati se, ja se pojavljujem – erscheinen, in Erscheinung kommen

pokazivati, ja pokazujem – zeigen

pokazujući – zeigend

poklopiti se, ja se poklopim (voll.) umgs. – zusammenfügen

pokoji, pokoja, pokoje (m/f/n) – ein, eine, ein

pokojni (m) = pokojnik – Verstorbener

pokrajnja (f) – benachbart

pokret – Bewegung

pokucati, ja pokucam (voll.) – klopfen

poljubiti, ja poljubim (voll.) – küssen

položen (m) – gelegt

poluglasno – halblaut

pomaknuti se, ja se pomaknem (voll.) – sich bewegen

pomaknuti, ja pomaknem (voll.) – verschieben

ponosan, ponosna, ponosno (m/f/n) – stolz

ponuda – Angebot

ponuditi, ja ponudim (voll.) – anbieten

popeti se, ja se popnem (voll.) – hinauf gehen

popriličan – ziemlich

poravnati, ja poravnom (voll.) – glätten

poraz – Niederlage

poražen, poražena, poraženo (m/f/n) – besiegt

poredba – Vergleich

poriče – er verneint; Inf. poricati, ja poričem – verneinen

poruga – Spott

poruka – Nachricht

posao (Pl. poslovi) – Arbeit

posegnuti za, ja posegnem za (voll.) – greifen nach

posjećivati, ja posjećujem – besuchen

poslagati, ja poslažem (voll.) – ordnen

poslušan, poslušna, poslušno (m/f/n) – gehorsam

posmrtno zvono – Totenglocke

pospremati, ja pospremam – aufräumen

poštanski sandučić – Postkästchen

postarija (f) – etwas älter

postaviti, ja postavim (voll.) – stellen, aufstellen

postavljati pitanja – Fragen stellen

pošten, poštena, pošteno (m/f/n) – anständig

postupati, ja postupam – vorgehen, machen

posuditi, ja posudim (voll.) – borgen, leihen

posuđivati, ja posuđujem – borgen, leihen

potez – Bewegung

potrajati, ja potrajem (voll.) – dauern

pouzdati se, ja se pouzdam (voll.) – sich verlassen

povratiti dah – zum Atem kommen

povremeno – gelegentlich, ab und zu

poželjeti, ja poželim (voll.) – wünschen

poziv – Einladung

pozliti (voll.) – übel werden

pozvoniti, ja pozvonim (voll.) – läuten

praonica – Waschsalon

prati veš (umgs.) – Wäsche waschen

pravedno – gerecht

prebijena (f) – geschlagen

predanost – Hingabe

predmet – Gegenstand

prednja (f) – vordere

predodžba – Vorstellung

predstava – Aufführung

prekrivač – Decke, Überwurf

premjestiti, ja premjestim (voll.) – umstellen

preostaje – es bleibt übrig; to je jedino što preostaje – das ist das Einzige, was mir noch übrig bleibt

prepoznavanje – Identifizierung, Wiedererkennung

presavijen → presavijen preko ograde – über den Balkonzaun geworfen

presaviti, ja presavijem (voll.) – falten; biegen

presušiti se, ja se presušim (rublje) voll. – sehr trocken werden

prešućivati, ja prešućujem – verschweigen

preuzbuđena (f) – zu aufgeregt

preuzeti inicijativu – Initiative ergreifen

približno – ungefähr

pribranije – mehr geistesgegenwärtig

pričiniti se, ja se pričinim (voll.) – scheinen, den Anschein haben

prihvaćati, ja prihvaćam – annehmen, akzeptieren

prijati, ja prijam (voll.) umgs. – schmecken

prijavljen kao ukraden – als gestohlen angezeigt

prijetiti, ja prijetim – drohen

prijetnja – Drohung

prilika – Gelegenheit

prilika – Gestalt

primjećivati, ja primjećujem – bemerken, Notiz machen

pripadati, ja pripadam – gehören

pripaziti, ja pripazim (voll.) – aufpassen

prirođen, prirođena, prirođeno (m/f/n) – angeboren

prisloniti, ja prislonim (voll.) – anlehnen

privatnik – Einzelunternehmer

priveden, privedena, privedeno (m/f/n) – vorgeführt

privjesak – Anhänger

prizemlje – Erdgeschoss

prizemnica – einstöckiges Haus

priznati, ja priznam (voll.) – zugeben

prljati, ja prljam – schmutzig machen

prljav, prljava, prljavo (m/f/n) – schmutzig

pročelje – Fassade

prodrmati, ja prodrmam (voll.) – schütteln, durchschütteln

progovoriti, ja progovorim (voll.) – beginnen zu sprechen

Prokletnici! (pej.) – Die Verdammten!

proljetno spremanje – Frühlingsputz

promrmljati, ja promrmljam (voll.) – murmeln

pronaći, ja pronađem (voll.) – finden; PPA: pronašao, pronašla, pronašlo

prošetati, ja prošetam (voll.) – Spaziergang machen

prostor – Raum

prostorija – Räumlichkeit

prostran, prostrana, prostrano (m/f/n) – geräumig

provala – Einbruch

provaliti, ja provalim (voll.) – einbrechen

provaljivano – eingebrochen

provalnik – Einbrecher

provjeravati, ja provjeravam – prüfen, nachschauen

provjeriti, ja provjerm (voll.) – prüfen, nachschauen

provući, ja provučem (voll.) – schlängeln

proživljavati, ja proživljavam – erleben

prtljažnik – Gepäck

psovati, ja psujem – fluchen

pusa (umgs.) = poljubac – Kuss

R

radi – wegen

raširiti, ja raširim – ausbreiten, breiten

raspitati se, ja se raspitam (voll.) – sich erkundigen

raspravljati se, ja se raspravljam – sich auseinandersetzen

rasvjeta – Beleuchtung

razbacivati se novcem – mit Geld herumprassen

razbijati, ja razbijam – schlagen; razbijati glavu – Kopf zerbrechen

razmazati, ja razmažem (voll.) – verwischen

razmjena smjene – Schichtwechsel

razočaran, razočarana, razočarano (m/f/n) – enttäuscht

red (Pl. redovi) – Zeile

remen – Riemen

reski odjek (rezak odjek) – greller Klang

reveri (Pl.) – Revers, Aufschlag, Rockaufschlag

riječ – Wort

rintati, ja rintam (umgs.) – schuften, schwer arbeiten

rođak – Verwandter

rodbina – Verwandtschaft

rok (Pl. rokovi) – Frist

rublje – Wäsche

rukav – Ärmel

ruž – Lippenstift

S

saliven (n) – angegossen

sam, sama, samo (m/f/n) – allein; selbst

sastanak – Verabredung; Abmachung

sastaviti zabilješku – ein (kurzes) Protokoll verfassen

savjest – Gewissen

savjestan, savjesna, savjesno (m/f/n) – gewissenhaft

savjetnik – Berater; bračni savjetnik – Eheberater

sere (pej.) – er scheißt; Inf. srati, ja serem – scheißen

shvatiti, ja shvatim (voll.) – verstehen

sićušan – klitzeklein

sigurnost – Sicherheit

sinoć – letzte Nacht

sinuti, ja sinem (voll.) – etwas einfallen; sinulo joj je kao bljesak – ihr kam etwas in den Sinn wie ein Blitz

sitan, sitna, sitno (m/f/n) – klein, winzig

sitnica – Kleinigkeit

sjajan, sjajna, sjajno (m/f/n) – glänzend

sjednica – Meeting

sjena – Schatten

skakutanje (fig.) – Springen

skinuta hipoteka (umgs.) – abbezahlte Hypothek

skloniti, ja sklonim (voll.) – wegtun

sklop okolnosti – Fügung der Umstände

skoknuti, ja skoknem – einen Abstecher machen

skrivati, ja skrivam (voll.) – verbergen

skroz (umgs.) = potpuno, völlig

skupljati se, ja se skupljam – sich versammeln

slabost – Schwäche

slediti se od strave – vor Schreck erstarren

slovo – Buchstabe

složiti se na pod (voll.) fig. – auf den Boden fallen

slučaj – Fall

službeni auto – Dienstwagen

službeni put – Dienstreise

služiti svrsi – dem Zweck dienen

služiti, ja služim – dienen

smekšati, ja smekšam (voll.) – weich machen

smetnuti nešto s uma – etwas aus den Augen verlieren

smijati se, ja se smijem – lachen; za smijati (Phrase) – zum Lachen, unglaublich

smijeh – Lachen

smjena – Schicht

smrdi – es stinkt; Inf. smrdjeti, ja smrdim – stinken

smrznuti se od straha (Phrase) – vor Angst erstarren

snaga – Kraft

snažan, snažna, snažno (m/f/n) – stark

snob (Pl. snobovi) – Snob

spasiti, ja spasim (voll.) – retten

spaziti, ja spazim (voll.) – erblicken, bemerken

spremati se, ja se spremam – sich vorbereiten

spremljena večera – fertiges Abendessen

srce – Herz

srcoliki privjesak – Anhänger in Herzform

srebrni pir – Silberhochzeit

sreća – Glück

sresti, ja sretnem (voll.) – treffen (zufällig)

staklo – Glas

starinski ormar – altmodischer Schrank

stisnut – gedrückt

strah – Angst; u strahu su velike oči (Phrase) – im Angstzustand sieht alles schlimmer aus als es ist

strašno – schrecklich

strast – Leidenschaft

strastveno – leidenschaftlich

stresti, ja stresem – schütteln

strpljenje – Geduld

stubište – Stiegenhaus

stvar – Sache, Ding; to nije na stvari – das war nicht das Thema

sud (Pl. sudovi) – Gericht (Institution)

sudac – Richter

sudski – gerichtlich

sumnjati, ja sumnjam – zweifeln, bezweifeln

sumnjičav – misstrauisch

suosjećaj – Mitgefühl

suradnica – Mitarbeiterin

sušiti, ja sušim – trocknen

susret – Begegnung

susretljivo – entgegenkommend

sutradan – morgen

suza – Träne

svađa – Streit

sve dok – solange, bis

svejedno – egal

sviđati se, ja se sviđam – gefallen

svijetliti, ja svijetlim – leuchten

svijetlosivi (m) – hellgrau

svim → svim i svačim – mit allerlei

svjestan, svjesna, svjesno (m/f/n) – bewusst

svjetlo – Licht

svučen (m) – heruntergezogen

Š

šapa – Pfote; prednja šapa – vordere Pfote

šarena laža, a na vrhu ništa (Phrase) – ein buntes Nichts

šiparica (umgs., pej.) – Heranwachsende

školarac – Schüler

školjka WC-a – WC Muschel

štap – Stock

štetiti, ja štetim – schaden

što (umgs.) = zašto – warum

šugav (m) umgs. pej. – krank, schmutzig

šuteći – schweigend

šutnja – Schweigen

T

Ta ti je dobra! (fig.) – Der ist gut!

tajni/tajan, tajna, tajno (m/f/n) – geheim

tak = tako – so

tak kak da je (umgs., dial.) = tako kao da je – als ob es so wäre

tamnozeleni – dunkelgrün

tat = lopov – Dieb

težište – Schwerpunkt

tijelo – Körper

tili časa → za tili časa – im Nu, sehr schnell

tjedan dana – eine Woche

tlo – Boden; izgubiti tlo pod nogama (Phrase) – den Boden unter den Füßen verlieren

tonuti, ja tonem – sinken

trač (Pl. tračevi) – Tratsch, Nachrede

trag (Pl. tragovi) – Spur

travnjak – Rasen

trepnuti, ja trepnem – mit der Wimper zucken; slagati bez

da se trepne (Phrase) – lügen ohne mit der Wimper zu zucken, lügen wie gedrückt

trijezniti se, ja se trijeznim – nüchtern werden

trokatnica – dreistöckiges Gebäude

trpezarijski stol – Esszimmertisch

trunuti u zatvoru – im Gefängnis verrecken

tu i tamo – ab und zu

tucet – Dutzend

tukac (umgs.) pej. – Blödmann

tuliti, ja tulim – heulen

tupo gledati – begriffsstutzig schauen

tvrditi, ja tvrdim – behaupten

U

ubijati, ja ubijam – töten, umbringen

ubistvo (umgs.) = ubojstvo – Mord

ubojstvo – Mord

ubrzo – bald

učiniti se, ja se učinim (voll.) – scheinen, einen Anschein haben

učiniti, ja učinim (voll.) – machen

udarac – Schlag; udarac ispod pojasa (Phrase) – Schlag unter der Gürtellinie

udobnost – Bequemlichkeit

udovica – Witwe

udovoljena (f) – nachgegeben, erfüllt

ugašen, ugašena, ugašeno (m/f/n) – abgetötet; gelöscht

uginuti, ja uginem (voll.) – verenden

ugurati, ja uguram (voll.) – einstecken

uhvatiti, ja uhvatim (voll.) – fangen

ukočiti se, ja se ukočim – erstarren

ukradeno – gestohlen

ukrasti, ja ukradem (voll.) – stehlen

ulagati, ja ulažem – investieren

ulažu – sie investieren; Inf. ulagati, ja ulažem – investieren

ulična rasvjeta – Straßenbeleuchtung

uložiti, ja uložim (voll.) – investieren, anlegen

umiljat, umiljata, umiljato (m/f/n) – lieb, nett

umiriti se, ja se umirim (voll.) – sich beruhigen

unutra – drinnen

unutrašnji džep sakoa – innere Sakkotasche

uozbiljiti se, ja se uozbiljim (voll.) – ernst werden

upasti u oči – ins Auge fallen

uplašeno – verängstigt

upotrijebljen (m) – verwendet, benutzt

upravljati, ja upravljam – steuern, lenken

upravni odbor – Vorstand

upražnjavati određen način života – einen bestimmten Lebensstil führen upropastiti, ja upropastim (voll.) – zunichte machen, kaputt machen

upuštati se, ja se upuštam – sich einlasen

uputiti se, ja se uputim – gehen (zu)

uputstvo – Anweisung

uredan, uredna, uredno (m/f/n) – ordentlich, aufgeräumt

uredno – ordentlich

usamljen, usamljena, usamljeno (m/f/n) – einsam

usamljenost – Einsamkeit

usisivač – Staubsauger

usko – eng

uslužan, uslužna, uslužno (m/f/n) – zuvorkommend, bereitwillig

uspavan, uspavana, uspavano (m/f/n) – verschlafen

uspješno – erfolgreich

uspomena – Erinnerung

uspraviti se, ja se uspravim (voll.) – sich aufrecht setzen, sich aufrichten

ustajući – während des Aufstehens

ustanoviti, ja ustanovim (voll.) – feststellen

ušteđevina – Ersparnis

ustobočiti se, ja se ustobočim – eine angriffslustige Körperstellung annehmen

usuditi se, ja se usudim – sich wagen

ušutjeti, ja ušutim (voll.) – still werden

utjeha – Trost

uvećan, uvećana, uvećano (m/f/n) – vergrößert

Uvedite neku novinu! – Lassen Sie sich eine neue Idee einfallen!

uvjeravati, ja uvjeravam – versichern

uvoz – Import

uvredljiv (m) – anstößig

užas – Schreck

uzbuđen, uzbuđena, uzbuđeno (m/f/n) – aufgeregt; erregt

uzbuniti se, ja se uzbunim (voll.) – sich in Aufruhr versetzen

uzdah – Seufzer

uzdahnuti, ja uzdahnem (voll.) – seufzen

uzeti, ja uzmem (voll.) – wegnehmen

uzmucati se, ja se uzmucam (voll.) – beginnen zu stottern

uznemiravati, ja uznemiravam – stören

uzrujavati, ja uzrujavam (voll.) umgs. – in Aufregung setzen

uzvratiti, ja uzvratim (umgs.) – erwidern

V

valjda – wahrscheinlich; doch

valovit (m) – wellenförmig

van = izvana – außen, außerhalb

vani – draussen; kupovati vani (u inozemstvu) – im Ausland kaufen

varati, ja varam – täuschen

vatra – Feuer

veš (umgs.) – Wäsche, Gewand

veza – Bindung; Beziehung; nema veze – macht nichts, ist egal

Vi → Ja i policija smo na «Vi» (fig.) – Wir sind per «Sie», «auf Abstand» = ich will mit der Polizei nichts zu tun haben

vid – Sehvermögen

viđati, ja viđam – sehen

vidokrug – Blickfeld

vjenčan prsten – Ehering

vjerojatno – wahrscheinlich

vješalica – Kleiderbügel

vještak – Gutachter, Sachverständiger

voditi, ja vodim – führen

volja – Wille; biti dobre volje – gut gelaunt sein; raditi što im je volja – sie machen was sie wollen

volja – Wille; svojom voljom – aus eigener Kraft

vraćati se, ja se vraćam – zurückkehren

vrag – Teufel; koji me je vrag tjerao da... – was ist in mir gefahren, dass ich... welcher Teufel hat mich geritten, dass ich...

vrat – Hals

vratiti se, ja se vratim (voll.) – zurückkehren

vreća – Sack

vrećica – Einkaufssackerl, Einkaufstüte

vrijediti, ja vrijedim – einen Wert haben; to ne vrijedi toliko novaca – das zahlt sich nicht aus

vrijednost – wertvolle Sache

vršnjak (Pl. vršnjaci) – Gleichaltriger

vrsta – Art

vrzmati se, ja se vrzmam – herumschwirren

vukla → Inf. vući, ja vučem – ziehen, schleppen; PPA: vukao, vukla, vuklo

Z

zabaviti se, ja se zabavim – sich amüsieren

zabezeknuto – verblüfft

zabilješka – Anmerkung

zabrzati, ja zabržem (voll.) – mit etwas eilen (Antwort, usw.)

začuditi se, ja se začudim (voll.) – sich wundern

zadnji, zadnja, zadnje (m/f/n) – der/die/das letzte

zadržati se, ja se zadržim (voll.) – sich aufhalten

zagledati se, ja se zagledam (voll.) – starren, anstarren, aufmerksam beobachten, studieren zagrliti, ja zagrlim (voll.) – umarmen

zagrljaj – Umarmung

zajednica – Zweisamkeit, Gemeinschaft

zaključiti, ja zaključim (voll.) – zum Schluss kommen

založiti, ja založim (voll.) – verpfänden, pfänden

zamisliti, ja zamislim (voll.) – sich vorstellen

zamišljati, ja zamišljam – sich vorstellen

zamka – Falle

zaostali (mentalno) pej.– (mental) zurückgeblieben

zapeti, zapnem (voll.) → pogled joj je zapeo za – ihr Blick blieb an

zapiljiti se, ja se zapiljim (voll.) – anstarren, starren

zapinjati, ja zapinjem (ključ u bravi) – der Schlüssel klemmt im Türschloss

započeti, ja započnem (voll.) – beginnen

zapovjednički – befehlend

zarežati, ja zarežim (voll.) – beginnen zu bellen

zastati, ja zastanem (voll.) – innehalten

zaštita – Schutz

zastrašujuće – angsteinflüßend

zaustaviti se, ja se zaustavim (voll.) – sich anhalten

zavada – Zwist

zavesti, ja zavedem (voll.) – verführen

zavitlati, ja zavitlam (voll.) – schleudern

zavodljivost – Verführungskunst

zavrtjeti glavom – den Kopf schütteln

zgranuto – bestürzt

zgužvati, ja zgužvam (voll.) – zerknittern

zijevnuti, ja zijevnem (voll.) – gähnen

zlatarna (umgs.) = zlatarnica – Juweliergeschäft

zlim (Inst.) → N: zlo – Böse; zlo se zlim vraća – Böse wird mit Böse zurück bezahlt (man erntet, was man sät)

zlo – Böse

zlobno – heimtückisch

zlovolja – Missmut, Übellaunigkeit

zlovoljan, zlovoljna, zlovoljno (m/f/n) – mürrisch, missmutig

znak – Zeichen

znati, ja znam – können; wissen, kennen; pflegen; znao joj je predbacivati – er machte ihr oft Vorwürfe

znatiželjnik – Schaulustiger

zrak – Luft

zvoniti, ja zvonim – läuten

Ž

žaljenja – Reue

željno – sehnlich

žmarci (Pl.) → žmarci joj prolaze tijelom – sie kriegt Gänsehaut

MINI-ROMANE

Sprachniveau 0: Leichter Anfang – Vokabelumfang bis 400 Wörter (A1 Anfänger)

A. Bilić: Meine Fernbeziehung / Moja daleka ljubav
Taschenbuch, E-Book, Hörbuch, interaktives E-Book mit Hörtexten

A. Bilić: Die silberne Lampe / Srebrna lampa
Taschenbuch, E-Book, Hörbuch, interaktives E-Book mit Hörtexten

A. Bilić: Die steinerne Vase / Kamena vaza
Taschenbuch, E-Book, Hörbuch, interaktives E-Book mit Hörtexten

Sprachniveau 1: Beginner – Vokabelumfang bis 800 Wörter (A1 – A2)

A. Bilić: Die außergewöhnliche Herausforderung / Izuzetni izazov
Taschenbuch, E-Book, Hörbuch, interaktives E-Book mit Hörtexten

A. Bilić: Die kleine große Entscheidung / Mala velika odluka
Taschenbuch, E-Book

A. Bilić: Eine definitive Sache / Definitivna stvar
Taschenbuch, E-Book

Sprachniveau 2: Fortgeschrittene – Vokabelumfang bis 1200 Wörter (A2)

A. Bilić: Neben mir / Kraj mene
Taschenbuch, E-Book, Hörbuch, interaktives E-Book mit Hörtexten

A. Bilić: Der Unbekannte / Neznanac
Taschenbuch, E-Book

Sprachniveau 3: Erfahrene – Vokabelumfang bis 1700 Wörter (B1)

A. Bilić: Ein Sommerurlaub in Istrien / Ljetovanje u Istri
Taschenbuch, E-Book, Hörbuch, interaktives E-Book mit Hörtexten

A. Bilić: Die Freundinnen / Prijateljice
Taschenbuch, E-Book

A. Bilić: Die Abreise / Odlazak
Taschenbuch, E-Book

Sprachniveau 4: Perfektion – Vokabelumfang bis 2200 Wörter (B2)

A. Bilić: Mein Name ist Monika – 1. Teil / Moje ime je Monika – 1. dio
Taschenbuch, E-Book

A. Bilić: Mein Name ist Monika – 2. Teil / Moje ime je Monika – 2. dio
Taschenbuch, E-Book

A. Bilić: Mein Name ist Monika – 3. Teil / Moje ime je Monika – 3. dio
Taschenbuch, E-Book

Sprachniveau 5: Perfektion Plus – Vokabelumfang bis 2800 Wörter (C1)

A. Bilić: Die Begegnung / Susret
Taschenbuch, E-Book

A. Bilić: Die Verabredung / Sastanak
Taschenbuch, E-Book

Sprachniveau 6: Erstsprache – Vokabelumfang bis 3500 Wörter (C2)

A. Bilić: Der Besuch / Posjet
Taschenbuch, E-Book

A. Bilić: Ein interessantes Motiv / Interesantan motiv
Taschenbuch, E-Book

Standardliteratur ohne Vokabelteil

A. Bilić: Ulica snova – fantastične priče
Taschenbuch, E-Book

A. Bilić: O jasnoći i drugim zabludama - pjesme
Taschenbuch, E-Book

Snježana (Ana) Bilić: Život s voluharicama
Taschenbuch, E-Book

Snježana (Ana) Bilić: Knjiga o Takama
Taschenbuch, E-Book

Besuchen Sie uns auch im Internet unter

www.kroatisch-leicht.com

und erfahren Sie mehr über weiteres Lern- und Lesematerial. Es werden laufend neue Bücher und digitale Medien veröffentlicht